中华民族人文修养经典故事丛书
中小学德育教育系列读本

行

知之践履之道

XING
ZHIZHI JIANLÜ ZHI DAO

故事系列

编著　李彗生
改编　李　帆

人民东方出版传媒
東方出版社

图书在版编目（CIP）数据

行——知之践履之道 / 李彗生 编著；李帆 改编．—北京：东方出版社，2019.9
（中华民族人文修养经典故事丛书）
ISBN 978-7-5207-1125-8

Ⅰ．①行…　Ⅱ．①李…　②李…　Ⅲ．①品德教育－中国－青少年读物
Ⅳ．① D432.62

中国版本图书馆 CIP 数据核字（2019）第 178420 号

行——知之践履之道
（XING ZHIZHI JIANLÜ ZHI DAO）

编　　著：李彗生
改　　编：李　帆
责任编辑：王云龙　赵晓峰
出　　版：东方出版社
发　　行：人民东方出版传媒有限公司
地　　址：北京市朝阳区西坝河北里 51 号
邮　　编：100028
印　　刷：成都紫星印务有限公司
版　　次：2019 年 9 月第 1 版
印　　次：2019 年 9 月第 1 次印刷
开　　本：880 毫米 ×1230 毫米 1/32
印　　张：9.75
字　　数：182 千字
书　　号：ISBN 978-7-5207-1125-8
定　　价：39.00 元
发行电话：(010)85924663 85924644 85924641

“中华民族人文修养经典故事”丛书

前　言

在漫漫五千年的历史进程中，中华民族创造了灿烂的中华文化。中华文化为人类的发展做出了卓越的贡献。以儒学为代表的中华优秀传统文化，源远流长，博大精深，熏陶孕育了一代又一代中华儿女，铸造了中华民族特有的气质和品格，铸就了中华民族独特的心理构成、思维方式和文化传统，成为海内外中华儿女的精神家园，是中华民族共同拥有的灵魂的根。历史告诉我们，能否继承本民族的优秀文化传统，是一个民族能否走向繁荣的重要标志。一个具有“精神脊梁”的民族，才是充满希望的民族！

近百年来，由于社会变革的历史原因，中华优秀传统文化的传承和发展遭受到很大的挫折，当今中国，出现了信念危机！我国改革开放历经四十年，中华民族迈进了伟大的复兴时代。当理智面对国家的繁荣时，却发现传统文化、道德意识在我们中间有些失衡，这不能不引起我们的深思和反省。

大力加强对青少年进行民族优秀传统文化的教育，将传统道德与时代精神相结合，普及中华民族优秀传统文化方面的知识，使其精华得以传承并发扬光大，才是中华民族优秀传统文化长盛不衰的希望所在。今天的中小学生，他们中有不少人或只埋头功课、追求分数，期盼金榜题名；或热捧歌星、影星、球星，而对中华文化做出巨大贡献的孔子、孟子及历代圣贤和传统文化却知之甚少，更缺乏系统的学习。只有大力普及推广优秀传统文化，才能使中华民族的优秀文化在他们的心里扎下根，才能使他们更加热爱自己的民族，热爱自己的祖国，肩负起新时代建设强盛国家、强盛民族的历史重任！

编著者结合现代文化传播的时代特点，推出的 “中华民族人文修养经典丛书” 将以孔子为代表的儒学文化精华之忠、孝、诚、信、礼、义、仁、和、廉、恕、智、行等优秀传统经典故事，把孔子之所以成为万代师表的人生轨迹，用连环画形式表现出来，变“阳春白雪，和者盖寡”为深入浅出，通俗易懂。通过大众普及传播方式，让中华民族优秀传统文化在海内外中华儿女乃至全世界民众中广泛传播，中华民族优秀的传统文化就有了发展的空间、成长的沃土，中华民族优秀传统文化这棵参天大树就能根深叶茂！

编辑出版这些人文修养经典故事，意在弘扬中华民族的优秀传统，“子规夜半犹啼血，不信东风唤不回”。希望本书中的故事，能在中华民族文化的传承中，成为提升国民素质的催化剂，去激发中华民族昂然崛起的生命冲动！

“中华民族人文修养经典故事”丛书

李彗生

2019 年 5 月

内容提要

“行”，是中国古代哲学中的重要思想。“行”，本义为道路，引申为“行动、行为、践履”之义。在中国古代，知行问题涉及认识论，也涉及伦理道德等其他哲学范畴。

儒学创始人孔子非常重视“行”在认识社会以及道德修养中的作用。他认为：人的道德修养是一个学习和锻炼的过程，即从学习道德知识到确立信念，再到认识和把握规律进行实践、实现目的的过程。而这正是“行”的过程。孔子的知行思想认为，一个人的道德品质是否高尚，不能只凭其言论，还要看他的实际行动。孟子认为，“知”和“行”对人认识主观世界、客观世界都有着重要的作用，人要努力地探求，不探求就得不到。

荀子是中国哲学史上较早明确提出知行关系问题的人。他不仅提出要重视学习，而且非常强调道德实践的重要性。“知之不若行之。学至于行而止矣。”程颢、程颐提出“格物致知”不是认识客观事物的法则，而是借格物在人的内心恢复“天理”。朱熹主张知行并重，不可缺一，人若做到知得行得，并由此达到至圣境界，须过致知、诚意两关。

“知行”思想是中国哲学史上出现较早的一对哲学范畴。历代的哲学家在探索人的认识与实践关系的过程中，提出了多种看法，如知难行易、知先行后、知行兼举、知行相分、知行合一等。这些思想对人们认识世界、改造世界，很有积极意义。

我们推出的“中华民族人文修养经典故事”丛书——《行 知之践履之道》，个个故事独立成篇，图文并茂，简明扼要，像串联的珍珠，紧紧围绕“行”这一道德范畴，自成一家，其故事内容丰富，情节感人。如“楚人驾船”，古时候，有一个楚国人向一位老船工学习驾船的技术，在老船工的精心指导下，他很快就能得心应手地驾船了。第一次试航，他驾着船如行云流水，飞鸟掠空，快速向前划去，不多时就顺水漂出很远很远。此后，他开始有些飘飘然了，认为自己不需要老师了。自从离开老船工后，他几次驾船都很顺利，便开始沾沾自喜。有一天，他为了显示一下自己的技术，独自驾船，闯进一片水势凶险的河道。由于他根本没有掌握在这种情况下驾船的本领，适应不了如此复杂的天气和凶险的水域，最后，船翻人亡。知识的汲取要循序渐进，持之以恒，并不断在实践中总结提高。满足于一知半解或在学习上浅尝辄止、盲目骄傲，急于显示自己没有经过实践的有限本领，贪功好胜，常常会吃大亏。

目录

目录

行

知之践履之道

XING ZHIZHI JIANLÜ ZHI DAO

伯牙学琴

1 春秋时期，有个人叫伯牙，他酷爱弹琴，但技艺不高，便拜当时著名的琴师成连为师学琴。

2 经过三年的勤学苦练，伯牙逐渐掌握了弹琴的技巧，但弹琴时还是伴有杂念，不能进入忘我的状态，尚不能达到精妙的境界。

3 对此，伯牙十分焦虑，苦于自己无法提高琴技。他的老师成连也在考虑用什么样的办法陶冶伯牙的情感。

4 有一天，成连对伯牙说：“我有一位老师，名叫房子春，家在东海之滨，他很有谋略和见识，善于陶冶人的情趣，我送你去他那里吧，也许能帮你摆脱目前的困境。”

5 伯牙听老师这么一说，顿时喜上眉梢，很高兴地接受了老师的建议。

6 于是，师徒两人立即启程，赶赴蓬莱山。一路上，伯牙谈笑风生，好不舒心。

7 他们顺利到达蓬莱山。放下行装，安置好住处后，成连见伯牙兴致蛮高，就对他说：“我去拜见老师，你先不要离开这里，感到烦闷就弹琴解闷，我们很快就回来。”说完便撑船离去。

8 伯牙送走老师，略作休息，便开始弹琴。想到自己马上就可以得到名家指点，伯牙不禁心花怒放，低声哼起了小曲，可是弹了几曲，总觉得心境慌乱。

9 一个时辰过去了，又一个时辰过去了，老师还是没有回来。伯牙心里有些着急，于是站起来走到窗前张望，希望能看到老师的身影。

10 面对大海，放眼望去，一片寂寥，空无一人。海天一色，空旷邈远，滚滚海浪一浪高过一浪地拍打着崖岸，飞溅出无数浪花，像精灵一样瞬间即逝。

11　身后林木深幽，悠悠苍苍，衬着深蓝的海水显得雄浑、古朴；天空中海鸥飞来飞去，不时鸣叫，一幅辽阔、深邃、壮丽的美景跃然眼前。

12　伯牙望着美景，心潮澎湃，一股创作冲动油然而生。

13 景色在他眼里越来越美，似乎完全活了过来。海水向他涌过来，鸟儿向他飞过来，他无法按捺这美妙的情思，不自觉地坐到琴前，和着涛声，伴着鸟鸣，尽情地弹奏起来。

14 他完全沉浸在这大自然的音律之中，情感的波涛在他手指下翻转流泻，他边弹边唱，似要把流水弹成乐曲，把乐曲幻化为流水。

15 他似把森林弹成乐章，把乐章叠映成森林；音符像啁鸣的小鸟，小鸟像跳跃的音符……就这样，他弹到不能自持。

16 当琴声戛然而止的时候，他已泪流满面，大声说道：“老师，老师，我明白了您的一番苦心。您带学生到这里来，就是要提高我的情趣呀！”

17 不知过了多长时间，成连回来了。他见伯牙如醉如痴的样子，知道自己的苦心没有白费，频频点头，含笑不语。

18 在伯牙身边站了一会儿后，成连才把沉浸在音乐旋律中的学生唤醒。伯牙见到老师，两人相视无语，千言万语已尽在不言中。

19 伯牙很快成为一位远近闻名的大琴师，他无与伦比的琴艺令人赞叹不已。

20 原来伯牙学琴三年，技艺无法再提高，体现不出音乐的神韵，原因就是缺乏良好的音乐环境，激发不出新的灵感，于是成连老师想到了改变环境的办法。

21 来到蓬莱“仙境”后，伯牙触景生情，激发出新的灵感火花，新的琴音在他手下呼之即出，从而使琴艺大有长进，这正是知与行相辅相成的体现。

22 当然，伯牙的成功，还在于他平时打好的琴艺基础。“蓬莱仙境”之行只是成功的外力，假如没有三年的努力，在任何“仙境”一蹴而就达到琴艺大成的境界都是不可能的。

行

知之践履之道

XING ZHIZHI JIANLÜ ZHI DAO

成持识人

1 春秋时，有一个叫成抟的人，遇事冷静，对事物分析透彻，也善于辨人。成抟在晋卿赵简子手下做事的时候，赵简子通过观察、了解，很欣赏他的为人。两人经常一起谈论政事和人际关系。

2 有一次，赵简子问成抟：“我常听人说羊殖是一位贤大夫，但不太了解他，你觉得他的品行怎么样？”然后看着成抟，等着他的回答。

3 出乎赵简子的预料，成抟回答：“臣不知道羊殖的品行怎么样。”“什么？”赵简子非常奇怪，因为他认为这个问题成抟是能够即刻回答的。

4 据赵简子所知，成抟和羊殖关系密切。于是，赵简子继续说：“你和羊殖是那么好的朋友，关系一直很融洽，彼此联系也很密切，你却说不知道羊殖的品行，这到底是怎么回事？”说到这里，赵简子有点不高兴。

5 成抟看了看赵简子，然后缓缓地说：“我确实同羊殖很熟，但羊殖的为人是不断发展变化的，比如说，他十五岁的时候就表现出他自己的特点，办事公正，而且从来不隐瞒自己的缺点。这是我了解的第一个阶段。如果你问我他十五岁时的品行，我就会毫不犹豫地把这些告诉你。”

6“那以后呢？你对他的了解又怎样呢？”赵简子继续问。成抟看了看赵简子，继续说：“羊殖二十岁时我也很了解他，他为人善良又能主持正义，人们很敬佩他。”

7“那么三十岁呢？”赵简子又接着问道。“三十岁时，羊殖已经担任晋国的中军尉，他作战勇猛，并且严以律己，宽以待人，在部属中威望很高。”

8“那么四十岁、五十岁呢？”赵简子追问。成抟又说道：“四十岁、五十岁的羊殖也还是为人正派、磊落。这时他已戍守边疆，让已经和晋国疏远的边民重新亲近起来。可谓战绩累累，功勋卓著。”

9“那么，现在呢？”赵简子问这话，显然有两层意思。一层是继续听成抟的介绍，另一层是想看成抟如何自圆其说。

10 赵简子暗想：“我刚才问你羊殖的为人，你说不知道，结果从十五岁直到五十岁，你对羊殖都说得头头是道。现在你只要还继续能说出羊殖的为人，那么刚才不回答我的问题就是对我的不敬。”想到这里，他颇有些扬扬自得地盯着成抟。

11“现在……现在就不好说了，因为臣已经五年没有见过羊殖了。以我和羊殖以往的交往经历来说，五年时间虽然不长，可也不算短，这五年他有什么变化，我恐怕说不清。所以，对他的近况，我不敢也不能妄加评论。”

12 赵简子没想到成抟说出如此在理的一番话，心中暗暗敬佩成抟的为人和善于识人的品质。

13 “听你介绍这些情况，我已经对羊殖有了一定的了解，应该说，羊殖确实是一位贤能的大夫，因为他每次变化都是越来越好，相信他现在也还是正派、贤德的。”说完这些话，赵简子重重地点了点头。

14 这则故事中，成抟给我们的启示在于：看人、看事不能用静止的老眼光。按照辩证法的观点，任何人、任何事都不是一成不变的，成抟以前对羊殖的“知”是建立在羊殖的“行”上，现在对羊殖的“不知”是因为不了解羊殖的“行”。

行

知之践履之道

XING ZHIZHI JIANLÜ ZHI DAO

楚人驾船

1 古时候，有一个楚国人想学习驾船的技术，于是他请了一位老船工当老师。老船工见他虚心好学，便耐心地教他驾船技术。

2 刚学的时候，他每一个动作都按照老船工的指点去做，一招一式学得认认真真。就这样，在老船工的精心指导下，他很快就能自己升起帆，提桨击水，得心应手地驾驶小船了。

3 第一次试航、他驾着小船如行云流水，飞鸟掠空，快速向前划去，不多时就顺水漂出很远很远。

4 此后，他开始有些飘飘然了，学习起来也不那么认真刻苦了。

5 老船工每日和他在一起，当然看出了他的骄傲情绪，但没有当面批评他，而是将他带到水流湍急、礁石密布的水域进行试航。

6 老船工的本意是一方面教他一些更高超的技术，另一方面让他领悟学习的不易，掌握应付各种紧急情况的方法，适应各种水域。

7 巧的是，那一天赶上了一个难得的好天气，晴空万里，波澜不兴，行家都知道在这样的天气里驾驶船是最容易的。试航顺利返回后，这个楚国人自以为已经完全掌握了驾船和航行技术，不需要再学习，也不需要老师了，于是，他离开了老船工。

8 自从离开老船工后，他驾船都很顺利，这样就更增加了他的骄傲情绪。

9 有一次，他同别人谈起驾船来，听到人说："学驾船技术容易，掌握娴熟很难；在小河里容易，到大江大河里却很难。"没等那人话音落下，他便显出一副不屑的神情，大言不惭地说："再难的技术也是由人来掌握的。在我眼里，大海不过是个水池，大江不过是个水洼，没什么了不起的。"

10 别人听他这么一说，都没说什么就走开了。他见别人没有反驳自己，以为是自己的能力征服了别人，就更加不可一世了。

11 有一天，他为了显示一下自己的技术，独自驾船闯进一片水势凶险的河道。刚开始，一切都很顺利，他悠然自得地哼起了小曲。正当他得意忘形的时候，天气骤变，乌云密布，雷声隆隆。

12 楚国人仗着自己有“高超”的技术并没有害怕。狂风以排山倒海之势呼啸而来，水面上掀起万丈波涛；巨浪互相撞击，发出震耳欲聋的响声；河水像发怒的恶魔从地下翻滚而出，水面上波涛汹涌；厚厚的乌云遮住了太阳，天色越来越昏暗。

13 楚国人被眼前的景象吓呆了。他胆战心惊，想掉转船头，可小船却完全不听他的调遣。他使出浑身解数，极力想使小船保持平衡，但他根本没有在这种情况下驾驶的经验，根本适应不了这样复杂的天气和这样凶险的水域。船越来越不受控制，他越来越慌，手忙脚乱，不知所措，任凭小船在波涛里颠簸、翻腾。

14 不知过了多久，楚国人精疲力尽地瘫在小船中，手中的桨掉了，小船也经受不住撞击，完全失去控制。

15 在这灭顶之灾面前，楚国人才终于醒悟，喃喃自语道：“我自己骗了自己，本领没有学到手却硬要逞能，真是自作自受。”话还没说完，小船在水面上颠了几颠，便被一个巨浪吞没了。

16 楚人驾船的故事告诉我们：知识的汲取要循序渐进，持之以恒，并在实践中不断总结提高。满足于一知半解或在学习上浅尝辄止就盲目骄傲，急于显示自己没有经过实践的有限本领，贪功好胜，很可能会吃大亏。

行

知之践履之道

XING ZHIZHI JIANLÜ ZHI DAO

冯妇遇难

1 古时候，晋国有一个很出名的打虎英雄，名叫冯妇。他勇猛顽强，制伏过很多只猛虎，远近有很多人都很佩服他。

2 当时，在东瓯这个地方的人有一个特殊的发音习惯，就是“火”与“虎”音不分，常常将“火”音发成“虎”音，也将“虎”音发成“火”音。

3 东瓯国一直没有制陶业。东瓯人也不会烧制土砖和瓦块，他们盖房子完全用茅草和木头。遇上风天，再加上天气干燥，就特别容易发生火灾，造成十分严重的损失。火灾成为东瓯人生活中最大的危害。

4 有一天，东瓯国来了一个居住在沿海的商人。他来到东瓯之后，总听到人们议论火。由于他不了解这里的发音特点，听到东瓯人说“虎”很厉害，就以为是猛虎的危害。

5 他觉得既然猛虎侵害百姓，就应该除掉才对，于是，他就自告奋勇要求觐见东瓯国的国君。国君听说有人觐见是为了“火”的事，就立即召见了他。

6 他对国君说：“我去晋国的时候，知道那里有一名叫冯妇的勇士，是灭虎的英雄。如果把他请来，就能消除你们国家的‘虎灾’了。”

7 国君正为不断出现的火灾而大伤脑筋，一听有“灭火”英雄，喜从心来，马上就请商人担任使者，携带十辆车、两对玉器、十四织花锦缎，去晋国聘请打虎英雄冯妇。

8 冯妇一听有人请他，又听说东瓯国虎灾深重，便不假思索地答应来东瓯国打虎。

9 到达东瓯国的时候，东瓯国国君亲自乘车出城欢迎，像迎接国君一样迎接冯妇，还把自己专车上的左边座位空出来，让冯妇乘坐。冯妇觉得很奇怪，但也没有推辞，心安理得地享受最高规格的接待。

10 冯妇来到的第二天，东瓯国又发生了火灾。大火冲天，人们没有像以往那样惊恐，因为，他们认为来了“灭火”英雄，这火就不会烧多长时间。他们只是跑来告诉冯妇：“不好了，火来了，火来了。”因为“火”“虎”不分，冯妇听到的是“虎来了”“虎来了”。

11　冯妇心想，我刚到，虎就敢来，正好给我大显身手的机会。他捋起袖子，跟着来报信的人大步跑出门外。“虎在哪儿？”他四处张望，寻找猛虎。

12　大火越烧越旺，人们看见冯妇来了，满怀希望，见冯妇还在四处打量，都以为他在做准备。过了一会儿，大火更旺，已经快烧到王宫后院了。人们开始惊慌失措，大叫：“火！”“火！”

13 冯妇好生纳闷，哪里有什么“虎”，这不是“火”吗？东瓯人见冯妇没动，以为冯妇需要他们的帮助，就不由分说簇拥着他，一起把他推进熊熊烈火之中。

14 这时大家都松了一口气，以为一会儿冯妇就会将火灭掉，可左等右等，火却越来越大。他们都很奇怪为什么“灭火”英雄这次不灵了。

15 这场大火使东瓯国蒙受了严重的损失。国君大怒，召来商人。

16 商人这才恍然大悟，知道是因为“火”“虎”不分，酿成大错。因他道听途说，又没有调查研究，不仅没有帮东瓯国清除火患，还把无辜的冯妇也置于死地。

17　东瓯国国君判这名商人有罪，将他下了大狱。最倒霉的还是冯妇，至死也不明白是“虎”“火”不分害了他。

18　这个故事告诉我们：处理问题必须在调查研究的基础上，下结论更不能轻率。只知其一，不知其二；只知表，不知里，粗心大意，必然酿成大错。正确的理论指导正确的行动，错误的知识必然引来错误的实践，道理也是一样的。

行知之践履之道

XING ZHIZHI JIANLÜ ZHI DAO

谎言误国

1 在春秋时期，宋康王在位的时候，十分憎恨楚威王，总是利用各种机会贬低楚国，以发泄心中的不满。甚至在每天上朝的时候，他也总不忘诋毁楚国几句，以讽刺挖苦楚国为乐。

2 有一次，宋康王有些忘乎所以，竟说出这样的话："现在楚国的情况，已经糟糕透了。我大概可以吞并楚国了吧？"说完后竟哈哈大笑起来。

3 他身边的大臣们也随声附和，有的还顺势添油加醋，好像经他们这样一说，楚国很快就会并入他们的疆土了。

4 这件事后来就传到了其他国家，于是凡经楚国来宋国的人，都投宋康王所好，故意把楚国说得一无是处，以此来讨好宋康王。

5 这本都是些不实之词，但宋国官吏们为了迎合国君，就以假当真，把这些编造的故事层层上报。

6 然后再通过朝廷将这些谎言添油加醋，再一层层传达下去。久而久之，诋毁楚国成了宋国人习以为常的事情。

7 宋国人长期传说楚国不行，便真的以为楚国不堪一击，就连宋康王自己也被谎言冲昏了头脑。

8 于是，他头脑中涌出了一个可笑且狂妄的计划。一天，他召集满朝文武大臣，大声宣布了他的计划：“立即出兵攻打楚国。”

9 这个消息一传出，那些糊涂的大臣立即响应，连声称赞宋康王决断英明。

10 但也有一些头脑清醒而又正直的大臣感到事态严重，华犨就是其中的一位，他急忙去劝阻宋康王。

11　他对宋康王说："王上，下命令要三思啊。您要知道，事实上宋国并不是楚国的对手。打个比方说吧，楚国的力量好比一头大象，而我们宋国的力量就好比一只老鼠，实力悬殊。"

12"退一万步说，即使真像陛下说的那样，楚国的力量还是比宋国大得多呀。宋国是一，楚国是十；宋国打十次胜仗，也抵不过被楚国打败一次。我们切不可轻率出兵啊！"

13 可此时的宋康王根本听不进去任何劝告，而且还对说实话的人表示出很厌烦的样子。最后，宋康王坚持出兵。

14 战争开始。由于楚国没有丝毫准备，有点招架不住，居然被宋军击败了。

15 这样一来，宋康王更加忘乎所以，深信楚国不堪一击。于是，他准备继续进军。

16 在这种情况下，华犨看得十分明白，他忧虑地继续劝道："王上，应该见好就收，适可而止。我听说，这次小胜多半是因为楚国没有准备。侥幸是不能持久的，即使胜利了也不可骄傲，对敌国更不能轻视、不要侮辱，而楚国这样的大国更是侮辱不得。现在，表面上楚国害怕了，可是王上要记住大惧小，灾害到啊！"

17 华犨看着宋康王，希望他回心转意。可此时的宋康王早已听不进去任何忠言。他火冒三丈，大发雷霆，甚至要降罪于华犨。

18 华犨见宋康王执迷不悟，必然导致宋国的大祸，联想到自己的艰难处境，便连夜逃到齐国去了。

19 第二年，宋国不自量力，又一次发兵楚国。他们以为还会像上次一样，轻而易举地取胜。

20 谁知，这时的楚国与一年前截然不同。他们已经做好充分的准备，并且抱着一种复仇的心理迎接宋国的挑战。见宋国来犯，楚国毫不犹豫地进行有力还击，迅速击溃宋军，并一鼓作气踏平了宋国。

21 宋康王以为自己说楚国不行，楚国就真的不行，拒不接受忠告，最后落了个丧国亡身的下场。这说明，空想代替不了实际，客观事实是不以人的意志为转移的。

22 闭眼不看客观事实，凭想当然办事，注定要失败。客观世界呈现给我们的是好东西，不会因为某些人讨厌它就变坏；坏的东西，也不会因为某些人喜欢它就会变好。所以，客观事物是不以人的主观意志为转移的，认识要接受实践的检验。

行知之践履之道

XING ZHIZHI JIANLÜ ZHI DAO

南岐之见

1　南岐位于蜀国（今四川）一个山谷里。秦时由于交通不便，消息也闭塞，这里的人们日复一日、年复一年地在近乎封闭的环境中生活，对外界的认知非常浅薄。

2　南岐山川秀丽，泉水清澈，但水质不好。凡是吃南岐水的人久而久之都要患一种病，就是颈瘤病，脖子显得很粗。不同的是，年长的人瘤子长得大一点，年轻的人瘤子长得小一点。长年厮守在同一个山沟里，彼此又都患同一种病，习惯成自然，当地人就认为人本来就是这样子的。

3 有一天，一个外地人很偶然地来到这里。这之前几乎没有人来过南岐。

4 他一进村子，便被人们包围起来。南岐人感到非常好奇。他们看惯了粗脖子的人，冷不丁地来个正常人，倒把他们吓住了。

5 他们惊异地打量着这个外地人的脖子，半晌说不出话来。这样一传十，十传百，前来围观的人越来越多。

6 围观的一位妇女哧哧地笑着说："瞧，快瞧他的脖子，有多瘦。真难看，太难看了。"

7 她这一说，其他人也开始指指点点，不断嘲笑外地人。

8 外地人无端受到嘲笑，感到啼笑皆非。他看看围观的人，发现他们个个都是粗脖子，立刻就明白了。

9 他耐心地对南岐人说：“你们不要嘲笑我，该嘲笑的是你们自己。瞧你们的脖子上长的大包，那不是天生的，是患了一种病，叫作颈瘤病！”

10“什么？”南岐人听他这么一说，笑得更起劲了，“病？我们的脖子粗是病？难道病是人人都有的吗？”有的南岐人甚至对外地人有了怒意。

11“是的，确实是病，我怎么会骗你们呢？正常人的脖子是不会这么粗的，就像我的脖子。”外地人摸着自己的脖颈耐心地解释着。

12“你才不正常呢！”一个南岐人终于忍不住了。他说：“你看看，你看看。”边说边把身边的人一个一个往外地人眼前推，“这些人都是粗脖子，没有一个像你那样细脖的，就连孩子也不例外。”

13 说话间，他又把一个长颈瘤的小孩拉到前面。“你说，到底是谁不正常呢？是你一个人，还是我们大家？”这个南岐人说得慷慨激昂，似乎有理有据。

14“只有你脖子细，有毛病的是你！”周围的人都随声附和。

15 外地人哭笑不得，只得再一次地说："相信我，你们确实是患了颈瘤病。你们不去查找患病的原因，寻找良药加以治疗，反而认为我脖子细，这太可笑了。"

16 南岐人看这个外地人极力争辩的样子，更加来了情绪，嘲笑、议论得更起劲了。有人说道："我们乡里的人祖祖辈辈、不论男女老少都是这样的，从来没人说过我们不正常。你一来，不仅说我们有病，还要我们摘掉什么瘤啊，太莫名其妙了。"周围的人一阵大笑。

17 这个外地人怎么解释也没用，只得悻悻地离开了。

18　南岐人的可悲就在于：他们被封闭、局限在自己的认知中，就永远认识不到自己的毛病所在。封闭的环境只能产生狭隘的认识，正确的认知来源于丰富的生活实践。没有实践，认知上会产生极大的局限性。以错误的标准看待事物，正确的反而是错误的，而把错误的认识当成正确的，这很可怕。

行知之践履之道

XING ZHIZHI JIANLÜ ZHI DAO

孟效实行

1 古时候，鲁国有一位老汉姓施。他有两个儿子，这两个儿子都聪慧好学，一个学文，一个学军事。

2 学成之后，施老汉觉得他们应该发挥各自所长，去干一番事业，便让他们游历各国，寻找出路。

3 学文的老大来到齐国，经人引荐，齐国的国君接见了他。经过考核，国君发现他博学多才，就把他留下来做王子们的老师。

4 老大在齐国学有所用，便十分认真地给王子们传授知识。

5 学军事的老二来到楚国，正巧楚国在招纳良将。

6 老二向楚王呈上富国强兵的建议。楚王阅后，感到他确有军事才能，于是让他做了军队的司法将军。

7 就这样，施老汉的两个儿子都得到了重用，家里生活富裕了，亲戚们也引以为豪。

8 施老汉有个邻居姓孟。孟老汉也有两个儿子，也是一个喜文，另一个学军事。

9 孟老汉见施家两个儿子相继加官晋爵，十分羡慕，便也打发两个儿子游历列国。

10 孟老汉的大儿子来到秦国，见到秦国的国王，便大谈仁爱慈善，以显示自己的文学功底。

11　谁知秦王最烦这一套说教，况且与老大讲的实际情况不符，就大喝道：“如今诸侯之间你争我斗，瓜分地盘，我现在迫切需要增强战斗力，你却喋喋不休地让我慈悲治国，这不是叫我自取灭亡吗？”说罢，召来武士，不容分说，将老大处以宫刑，赶出了秦国。

12　老二来到卫国。他是研究军事的，见到卫国国君就滔滔不绝地讲起加强军备的重要性。

13 卫国国君刚听了一会，便不耐烦起来："你讲的这一套是在坑害我的国家。我的国家是个小国，无力对抗强盛的大国，只能对他们小心侍奉，求得他们的好感，怎能以军事去对抗大国？如果听从你的意见，大国就会兴师问罪，我的国家必定遭殃。"

14 于是，他下令砍去老二的双脚，因为他怕健全的老二到大国去游说，鼓励大国动用军事力量，对他的国家造成更大的威胁。

15 孟家两兄弟无论如何没有想到自己会有这样的遭遇。回到鲁国的家中，两人抱头痛哭，一致埋怨邻居施家。

16 他俩一同去了施家，不分青红皂白就斥责了施老汉一顿。

17 施老汉并没有生气，待孟家两个儿子稍平静下来后，他慢慢地对他们说：“无论做什么事，都不能蛮干，应看准时机。你们俩虽然同我的两个儿子有一样的专长，但应用的效果却不同。

18“这不是因为你们周游列国有什么错，而是你们失去了学有所用的机会。况且，天下的道理并不是永恒的、一成不变的。”孟家的两个儿子听了，觉得有些道理。

19 施老汉继续对孟家两兄弟说：“天下的事情也并不是完全一样的，具体情况要做具体分析。以前有效的知识，用到另一个环境就未必有效；以前没有用过的知识，也并不是以后就一定不能用。”

20“因此，处理问题，没有一个固定的模式。僵化死板的模仿、照抄照搬，怎么能奏效呢？事情的成功与否，完全在于动脑筋、抓时机。”

21 施老汉看了看这两兄弟，语重心长地说：“你们的错处就在于没有灵活运用自己的知识呀！需要军事的国家，你讲文化；需要文化的国家，你却给人家讲军事，这不正是违背了人家的需要吗？”

22“如果不注意这一点，你们即使拥有孔丘那样渊博的知识，掌握了吕尚一般的计谋，也同样会失败。”

23 听了施老汉的话，孟家两兄弟恍然大悟，茅塞顿开。他们十分后悔在游说各国之前没有弄清各国需要的是什么。

24 知识和才能是有用的，但不是在所有的环境里、对所有的对象都适用。这需要有的放矢，因地制宜。孟家兄弟违背了这个原则，结果投人所忌，弄巧成拙，反受其害。

行

知之践履之道

XING ZHIZHI JIANLÜ ZHI DAO

难识鼋鳖

1 很久以前，人们彼此的交往很少，尤其是在比较偏僻的地区，例如在深山老林中，人们常年厮守家园，对外界的知识、事物了解得更少。

2 他们只认识在日常生活中见过的飞禽走兽、花鸟鱼虫，对没见过的东西就不认识，或者可能错认成自己见过的类似事物。

3 比如有一个地区龟很多，人们对它就很了解，但这些人没见过鳖，就不知鳖为何物。而恰恰龟与鳖又长得非常相像，于是难免产生误会。

4 有一天，一个山里人有事要下山去。像往常一样，他走到山脚下的小河边，想要喝点水，歇息一会儿。

5 就在这时一只鳖浮出了水面。这山里人见了，以为是龟，就伸手把鳖捞上来，并说："你这家伙，不是乌龟嘛。我认识你，怎么不好好待在山上？东游西逛到河里干什么？今天幸好撞上我了，快跟我回去吧。"说完就要把鳖带回去。

6 这只鳖急忙哀求："你弄错了，我不是什么乌龟，快放开我。""放开你？乌龟我见得多了，不会搞错的，快跟我走吧。"山里人不相信鳖的话。

7“我真的不是龟，我不会骗你。你看，我背上蒙着皮，乌龟与我不同，它们背上隆起的是骨壳。”鳖继续哀求。

8“你看，我还有一处同龟不一样的地方，我身子周围有一圈软肉。凡认识我的人都知道，我绝不会骗你的。”山里人听了鳖的这番话，开始将信将疑起来。

9 他见这鳖说得头头是道，再仔细看看鳖说的那两处同龟不同的部位，就去向渔民打听。

10 渔民听了山里人的描述，又仔细看了看他手里拿的鳖，笑着点头说：“对，这鳖没撒谎，它不是龟，你把它放了吧。”山里人这才确信不疑，把鳖给放了。

11 从那以后，这个山里人觉得自己具有了识别鳖的能力，认为自己以后再也不会认错鳖和龟了。

12 不久，山里人去东海游历。东海浩瀚邈远，比那山脚下的小河不知要大多少倍。在这儿，他碰上了一只巨大的癞头鼋。

13 这癞头鼋的形状同鳖有几分相像，但样子很丑陋。山里人见了这癞头鼋，以为这回看到的千真万确是一只大鳖！

14 他俯下身仔细看了看鼋，发现这“鳖”不仅大，而且身上还布满了深褐色的疙瘩。但他丝毫没有因为这个特征怀疑自己的判断。

15 他心里想：我这回可认准了。尽管你比我见到的那只鳖大，但没准是那只鳖的祖辈呢。想到这，他对着癞头鼋大喊起来："哎，你过来，我认识你，你不是大鳖吗？不久前我还见到了你的同类，你住的地方可比它强多了，这么大，这么辽阔。"

16 可谁知这"鳖"像什么都没听见一样，毫不理睬他。山里人继续喊："喂，你这鳖，你听见没有，我同你说话呢！"

17 癞头鼋仍无动于衷，只顾悠闲地向前游动。它伸长脖子，把头高高地昂起，张开大嘴，吐出舌头，露出两排利剑似的牙齿。

18 突然，它向山里人游过来。山里人见鼋游过来了，没有丝毫警觉，还以为它听懂了自己的话，游过来同自己亲近呢，于是俯下头凑近了癞头鼋。

19 癞头鼋顺势一口把山里人吞了下去。可怜的山里人至死也没搞明白龟、鳖、鼋的区别。

20 山里人吃亏在于他的不求甚解。世界上的很多事物，外表上看很相似，但实质不同。知之为知之，不知为不知，把不知误当作真知，并依照它行动，就会反受其害。

行

知之践履之道

XING ZHIZHI JIANLÜ ZHI DAO

求琴习筑

1 古代，许多人喜欢抚琴作乐。这风尚不光在富有的人家流传，贫苦的人也以此求乐。

2 在一座深山里，住着一个姓齐的山民。这个山民虽然日子过得艰辛，但很有情趣，喜欢音乐。

3 有一天，他听说有一种叫琴的乐器弹起来声音很美，便十分渴望能得到一把琴，并能学会弹琴。

4 可他光是听说，并不知道琴究竟是什么样子。于是他便四处打听，见人就问琴是什么样子的。

5 一天，他碰上一个从山外来的人。这个人见过琴，就告诉他，琴的样子是前宽后窄、上圆下方、头高尾低，琴表面覆盖着丝弦，用手弹拨，就会发出清越优雅的声音，十分悠扬悦耳。

6 这个齐姓的山民听了这一段描述，脑子里就深深地印上了“前宽后窄、上圆下方、头高尾低”的形象。他高兴地对那个外来人说：“好，我记住了。”

7 过了一段时间，他去集市，恰巧在路上看见一个人背着一种叫筑的乐器。

8 他眼睛一亮，立刻跑到那人跟前，仔细地打量着筑，弄得背筑的人很奇怪，便取下筑来让他观看。

9 他左瞅右瞧，摇摇头说："这琴也不是前宽后窄呀，上圆下方也不对。"他不甘心，又把筑翻过来，看了半天。

10 他挠挠头说："这哪是头高尾低呀？"再把手指顺着筑弦一滑，侧耳听了听，又自言自语地说："声调也不是清越优雅。"尽管他觉得这乐器和别人介绍的不一样，但他仍然坚信这就是他渴望已久的琴。

11 于是他缠住那位背筑的人，请人家教他弹奏这乐器。那位背筑的人经不住他的一再恳求，还以为他认识筑呢，就接受了他的邀请，做了他的老师。

12 自此，姓齐的人如愿以偿，每天在老师的指导下学习，下了苦功夫练习。

13 清晨，太阳刚出来，他就坐到筑旁鼓筑。傍晚，夜幕降临，他才住手。

14 就这样，经过三年，水平大大提高，技艺也日臻成熟。他自己不免有点沾沾自喜，觉得弹“琴”不过如此。

15　时间过得很快。又过了一段日子，有一天，姓齐的人在家里兴致勃勃地鼓筑，有一个人从他窗前经过，正是那个向他介绍琴的样子的人。

16　这个人听见筑声没感到奇怪。但看了看鼓筑的人便十分奇怪，他想，这不是一心要学琴的人吗，怎么倒鼓起筑来了？

17 正愣着，姓齐的也看见了他，不禁扬扬自得地对他说："哎呀，真是太巧了。你看，几年不见，我弹琴的技艺不错吧？"边说边拉他进屋。

18 那人这才清楚姓齐的是求琴习筑了，便对他说："你弄错了。这哪里是琴哪，这是筑啊。我不是告诉过你琴的样子吗？筑同琴相差太远了，声音也不同，琴声哪有这般嘈杂啊？"说完，叹了一口气。

19 为了使姓齐的真正认识什么是琴，这个人决定弄一张琴来让他见识见识，就特意借了一张琴。

20 这个人亲自演奏了一两支曲子给姓齐的听。悠扬的琴声像清澈泉水流动，似珠落玉盘，十分悦耳。

21 不料姓齐的听了琴声却紧皱眉头，说：“你不要骗我了，这哪是琴，我弹的才是琴。”

22 然后，他不等那个人张口，便又说道：“你弹的这声音平淡无奇，粗糙得如土槌敲鼓，无味透了，枯燥透了，我所喜爱的不是这个。

23“我的‘琴’弹出的声音如凤凰啭鸣，像箫笙齐奏，若燕赵美女迷人的歌声。我不管是你的琴是筑，还是我的琴是筑，就让我永远弹着我的‘琴’取乐吧！”那个弹琴的人听了姓齐的这番话，叹着气走了。

24 这则故事告诉我们这样的道理：凡事要探个究竟，不能先入为主。对事物认识错误，行动起来就不会正确。只间接地知道那个事物的几个特征，是不可能全面、深刻地认识那个事物的。实践出真知，要真正认识一个事物，应当亲自与那个事物接触。知行要统一。

行知之践履之道

XING ZHIZHI JIANLÜ ZHI DAO

言行不一

1 古时候，楚国有一个叫鬬子般的人。这个人与众不同，容貌严肃，言语端庄，气宇轩昂，处处显出高雅。

2 凡与他接触的人见他言不离尧舜，行为举止端正，都认为他是个品行高洁的正人君子。

3 有一天，鬭子般应邀到熟人还启疆家喝酒。

4 当时一同被邀请的还有沈尹寿和师祁犁。在主人的盛情下，众人纷纷落座，彼此寒暄一阵后，便开始推杯换盏。

5 喝酒中间，谈话助兴，海阔天空，话题颇多。几个人既谨慎地讨论政局，也漫谈市井趣闻；既闲话官场纠纷，也抒发各自的抱负、想法。宾主越谈越欢，酒也越喝越多，几个人都有些醉意了。

6 这时沈尹寿、师祁犁两人渐渐地将话题触及男女私情方面。因为四人是相熟的朋友，又在这样一个私人的场合，谈兴正浓，就不免扯到了这个平时很敏感的话题。

7　可令沈尹寿、师祁犁意外的是，鬬子般不仅没有参与这个话题的讨论，反而眉头紧皱，面露不悦之色。沈、师二人并不在意，继续交谈。

8　谁知鬬子般勃然大怒，他脸色严肃、声色俱厉地说道：“二位住嘴吧！你们这些人尽在女人身上兜圈子，真让人厌恶，就像蜉蝣出入粪堆。这种事，就是鬼见了也要唾弃的。你们身为君子，竟然在酒席上大声议论，这难道不有失你们的身份吗？”

9 沈尹寿、师祁犁正谈得投机，冷不丁地听了这一番训斥，立刻觉得面红耳赤，十分尴尬。一时间，屋里一点声音也没有，场面由刚才的热烈变得寂静。

10 正巧这时，门外闪过了一个花枝招展的女人，四个人望了望这个女人，仍然闷闷地喝自己的酒。

11 鬬子般此时却放下筷子，一改刚才的严肃，向其他三人道了声“我去解手”，就走出屋去。沈尹寿等三人以为鬬子般为自己刚才的态度不佳而暂时回避一阵，也就没有在意，继续喝酒。

12 过了一会，突然外面人声嘈杂，声音也越来越近，他们不由朝门外看去。只见一个大汉手握钢刀，怒气冲冲地从门口跑过，一群人紧跟其后。

13 沈尹寿等人一见就知道发生了大事，立刻放下酒杯，随人流跑去想看个究竟。

14 跑了十几步，只看见大汉将一个人从后面揪住，并大声骂道："你这个混蛋，今天到底让我抓住了。"那个被揪住的人身体发抖，连连告饶。

15 那位大汉怒气未消，又继续打骂："你这个伪君子，勾引人家的女人，我要一刀宰了你。"边说边扭住那个人让他转过身来。

16 那个人刚转过身与大家照了个面，就把沈尹寿三人惊得目瞪口呆。原来这个人竟是鬬子般。

17　他刚才还慷慨激昂地训斥别人谈论女性，此刻却因乱搞私情被打而瑟瑟发抖，狼狈不堪。

18　原来方才在门口闪过的女人就是故意来引鬬子般的，他俩已私通许久。今天，那个女人得知鬬子般在还启疆家喝酒，认为是个机会，就打扮了一番，故意从门口经过。鬬子般会意，假装解手，准备同她幽会，不料却被那个女人的丈夫抓了个正着。

19 回想刚才在酒桌上的一幕，沈尹寿三人一阵反胃。他们无论如何没有想到，这样一个满口仁义道德的人原来满肚子坏水。沈尹寿不禁感叹道：“世界之大，无奇不有，世上竟有这样的人！”

20 一个人的话语固然要听，但最重要的是观其行。无论是政治上的两面派，还是生活中的伪君子，他们的共同特点就是言行不一，口是心非，表面说得好听，背后却在捣鬼。

行

知之践履之道

XING ZHIZHI JIANLÜ ZHI DAO

越人造车

1 从前，越国还没有车的时候，人们不知车是什么东西，什么样子。

2 有一天，一个越国人外出旅行，走到晋国和楚国交界的地方时，突然眼睛一亮。原来他见到了一辆车。

3　这辆车经过日晒雨淋，已经破损不堪，而且车轴朽烂，车轮也缺了一个，车身折断，车辕也损坏得非常严重。这是一辆被人丢弃的破车。

4　这辆破车已在这儿放了多日，并没有引起其他人的注意。这个越国人听说这就是“车”，心里很高兴。

5 他想：虽然是破车，但家乡人也未曾见过，让他们见识见识啥是车也好。想到这儿，他就雇人雇船，把这辆破车运回越国。一是想让家乡人感到惊奇，二是想夸耀一下自己见多识广。

6 经过一路颠簸，这辆车更破了，勉强运到越国时，已经快散架了。

7 越国人见有人运回这么一件“怪物”，感到十分新奇，纷纷前来观赏，打听这是什么。

8 这个人高声向众人介绍：“这就是车，你们从来没见过的车！”围观者赞叹不已，没有任何一个人提出疑问，都以为这就是车。

9 车就是这个样子，看到车的越国人当然不能让越国继续没有车。一些人感慨万千，决定造车。

10 他们雄心勃勃，埋头苦干，“依样画葫芦”，经过数月的辛苦劳作，终于造出了许多同这辆破车相差无几的车来。面对自己造出的车，他们满心欢喜。

11 就在越国人陶醉在自己能造车的狂喜中时，有一天，从晋国和楚国来了两个人，他们看到越国人为之骄傲的车后，啼笑皆非。

12 面对这样破破烂烂、不能使用的破车，他们好心地告诫越国人：这种车是不能跑路的，这样造车是不对的。

13 这两个人详细告诉越国人应该怎样造车。可越国人误解了他们的意思，以为这两个人在欺骗他们。

14 他们显出一副不耐烦的样子，继而又表现出瞧不起这两个人的神态。无奈，晋国人和楚国人只得走了。

15 事也凑巧，不久，敌国进犯越国。越国人听到战斗警报，纷纷披挂上阵，并自以为倚仗这次靠自己造出来的车将会必胜无疑。

16 他们登上车，立即驱动车辆前进。但这些车子本就是模仿破车造成的，根本不能用。

17 一启动机关，各部件就开始“嘎嘎”作响，纷纷掉落下来。

18 有的车勉强跑到阵地前，就再也不动了。最后，这些破车都稀里哗啦地散了架，掉轮的掉轮，折辕的折辕，七零八落，把车上的士兵摔得东倒西歪，队伍一片混乱，纷纷逃命。

19 有几个执迷不悟的人，还想利用这些破车，捡起掉下的轮子往车身上安。他们七手八脚地安好了几辆，可有的刚启动几步，就“咣当”一声全散了，有的还没有启动，就出现了各种各样的毛病，弄得越国战士狼狈不堪。

20 敌方见状感到时机已到，大举进攻。越国将士早已被这些破车搞得焦头烂额，见敌人冲过来，慌忙招架，自然被打得一败涂地，溃不成军。

21 战争结束了，越国人也觉得这仗败得似乎与这车有关系，但他们仍然不知道可以使用的车是什么模样。

22 越人偏处一隅，一叶障目，最后反受其害，招致失败。

行

知之践履之道

XING ZHIZHI JIANLÜ ZHI DAO

赵襄子学驭

1 赵襄子是春秋末年晋国人，他才艺超群。

2 美中不足的是，他驭车的技术很一般。为此，他拜当时有名的驭手王良为师学习驭车。

3 经过一段时间的学习，一个教得认真，一个学得仔细，赵襄子终于掌握了驭车的技术。

4 他对自己驭车技术的提高很满意，渐渐滋生出骄傲的情绪。

5 有一天，赵襄子竟迫不及待地提出要同王良进行驭车比赛。

6 王良没有想到赵襄子会提出这样的要求，但感到赵襄子确实大有长进，便同意了他的要求。

7　他俩连续进行了三场比试。出乎赵襄子意料的是，尽管每次比赛前他都做了精心的准备，而且每次比赛前他都换一匹骏马，志在必得，可是每次比赛的结果都令赵襄子感到沮丧，因为他的马车总是落在王良的后面。

8　几天以后，赵襄子还是郁郁寡欢。他心里想：驭术上我已经进步得这么快，而且每次比赛又都准备得那么充分，怎么还是输呢？一定是王良有什么绝招没教给我。

9 想到这儿，他很气恼，找到王良，埋怨说：“向你学驭车这么长时间以来，我们相交亲如手足。你说已把全部技能教给我了，但三次比赛我都输了。事实证明，你还留着一手。”

10 王良听完，又看了看赵襄子的神情，心平气和地说：“你不必生这么大的气。你想的不对，事情并不是这样的。你学驭车心切，我既然答应了教你，就不会留一手。我的技术确实已毫无保留地教给了你。”

11 赵襄子一听，急忙反驳：“如果真像你说的那样，为什么我总是输给你呢？”

12 王良摆摆手，说：“别急，听我慢慢说。你确实在我的教授下掌握了驭车技术，但你把技术用死了。”

13 王良顿了顿，看了看赵襄子，又说："驭车最重要的是使马的身体安稳地套在车内，只有稳才能快，不然的话，东摇西晃，怎么能快呢？

14"马跑起来后，驭手更要用心指挥，调整马的方向和速度。驭车人和马要保持一种默契，使动作协调，这样才能得心应手，马儿才能跑得快，跑得远。"王良继续说。

15“在比赛的时候，也要注意把学到的驭车知识灵活地运用到驭车的过程中，一心不可二用，不能光为比赛而比赛。”

16 王良又停了下来，看着赵襄子若有所思的神情，知道还没有彻底说服他。

17　于是接着说："你同我比赛的时候用心不一，不是专心驾驭，而是总想着输赢，精力分散。"这时，赵襄子已经露出服气的神情。

18　王良接着说："这样的话就势必导致你在落后的时候，一心要超过我；跑在前面的时候，又唯恐我追上来。心里紧张到极点，人和马就达不到协调，步伐也就乱了。"

19 赵襄子听了，感到确实是说中了自己的要害，便频频点头，心中的怒气渐消。

20 王良见状趁热打铁继续说：“驭车比赛，总有先后，心里要放松，要平衡。如果把输赢看得太重，把全部精力都集中在比个高低上，哪里还会有精神去调整和指挥自己的马匹呢？这些当然会影响速度，也是你落后的原因啊！”

21 听了这一番话，赵襄子回想起比赛的经过，感到老师说的确实中肯、深刻，不由得对王良心服口服。

22“知之为知之，不知为不知。”没有真正掌握娴熟的知识和技艺，就想在实用中以之取胜是办不到的。而做任何事情，如果不专心致志，只考虑个人的利害得失，会事与愿违。

行知之践履之道

XING ZHIZHI JIANLÜ ZHI DAO

商贾许金

1 从前，济阴县里居住着一个大商人，他非常精明，工于心计，生意越做越红火，买卖不断扩大，钱也赚得越来越多，家境颇为殷实，远近闻名。

2 有一次，他要乘船外出。刚上船的时候，河面上风平浪静，他一边欣赏着河两岸的景色，一边吟诗作赋，一副悠闲自得的神情。

3 但天有不测风云。当船驶到河心的时候，忽然刮起了风，河面上波涛翻滚，一浪高过一浪，小船左摇右晃，这个商人在船上被颠得坐不稳，站不牢。

4 他害怕极了，紧紧抓住船帮，大声对撑船的人喊道："快，快，控制住船，驶过河心就好了。快，躲过这个浪。"

5 话音还没有落，又一个巨浪打过来，转瞬就把小船打翻了。商人还没明白是怎么回事，只觉眼前一黑便落到了水里。

6 艄公当然是会游水的。他随着波浪起伏，慢慢地向岸边游去。

7 商人不识水性，但他十分机灵，顺势抓住了一些水草。他一边拼命地在急流中挣扎，一边放开嗓子大喊：“救命，救命啊！”

8 不知挣扎了多长时间，就在精疲力竭的时候，他看见一艘小船向自己驶来。

9 来的是一位撒网捕鱼的渔民。他见河面上起了风浪，就急急忙忙收网回岸。

10 就在这时，他听见了商人的呼救声，透过层层波浪，看见商人一沉一浮，危在旦夕。看看天色，暴雨将至，风浪更甚，但救人要紧，渔民也顾不了那么多了，赶紧掉转船头向商人划来。

11 商人眼见一艘船驶来，感到有了一线生机，连忙大喊道："快……快……快点救我。我有的是钱，我是济阴县上的大富户，救了我，我会给你一百两黄金，一百两黄金，快点来救我吧。"声音都变了调。

12 渔民把船靠近商人，伸出胳膊尽力把商人往上拉。商人赶紧拽紧渔民，差点把渔民也拽到河里。

13 渔民好不容易把商人拉上船，送到岸边。商人惊魂未定，吐出了许多河水。

14 好半天商人才回过神来，想了想，只掏出十两金子，很勉强地递给渔民。

15 渔民救他，本不是为了钱，但一见他言而无信的样子便有些生气：“刚才你不是亲口说要给我一百两黄金吗？”渔民看了看商人，又接着说，“你现在只拿十两出来，恐怕不妥当吧！”

16 商人听了渔民的话，不仅没有不好意思，反而拉下脸来，不屑地说：“臭打鱼的！还想要一百两黄金！你拼一天的命，能赚几个钱？给你十两金子就不少了，还不知足？”

17 说完，还狠狠地啐了一口。

18 渔民没想到商人在获救前后是这样两副不同的嘴脸，就不再说什么，收下钱，很气愤地走了。

19 过了一段时间，商人又要外出经商，还是乘船。

20 商人去的时候很顺利，待返回时，从吕梁顺流而下。

21 起初浪平船稳，不料船行到中游，又发生了意想不到的事故。这回不是起了风浪，而是船触上了礁石。只听“砰”的一声，小船撞翻了。

22 也真是应了那句老话：“无巧不成书。”正巧上次那位打鱼的渔民又遇上了他。

23 商人一落水，立即大呼小叫。见到渔民，更像遇到救星，连声哀求渔民来救他，并且又和上次一样许下重金。可这次，渔民无动于衷，不管商人如何呼救、发誓、许愿、央求，他就像没听见一样。

24 有人见了感到奇怪，就问渔民："你怎么见死不救呢？"渔民笑了笑，回答说："救人也要看这个人值不值得救。他说到做不到，言行不一，救他干什么？"说完，又埋头打自己的鱼去了。

25 商人在水里挣扎了一会儿，精疲力竭，慢慢沉到了水里。

26 商人送命，在于他不诚实，言行不一。能做到才说，说到就要做到，这是人与人之间相处的一条原则。人要在社会上安身立命，要有诚实守信的态度，老老实实做人，不伪装、不矫饰、不虚假，否则，言行不一，最后吃亏的是自己。

行

知之践履之道

XING ZHIZHI JIANLÜ ZHI DAO

太庙坍塌

1 这个故事发生在唐朝时期。当时的京城长安由于旱涝等，收成不太好，老百姓苦不堪言，纷纷离开家园，到外地去谋生。

2 官府也面临着缺粮的危机。社会上各种怪论、谣言纷起。

3 当时正是唐玄宗在位。他召集文武百官，想了许多办法来解决困难。其中有一个办法就是由唐玄宗带领满朝文武暂时到东都洛阳去住。这样便可以减少京城粮食的消耗，缓解缺粮的危机，以此来减轻百姓的负担。

4 这一举措得到众大臣的赞同，大家便分头行动，准备动身。

5 就在文武百官动身之际，发生了一件事情——一向看起来很坚固的太庙突然坍塌了。

6 听到这个消息，人们都吃了一惊。后来有人联想到文武百官要在唐玄宗的率领下迁往洛阳一事，便生出了许多议论，认为太庙在此时坍塌是不祥之兆。

7 此话传到文武百官耳中，他们也觉得蹊跷：为什么太庙早不塌，晚不塌，刚好在唐玄宗将要离开的时候塌呢？于是，文武百官就该走还是不该走众说纷纭。

8 他们一致推举一个人向唐玄宗汇报。唐玄宗也听到了一些关于太庙坍塌的议论，又见有人觐见，便想听听他的意见。

9 来人见了皇帝便说："咱们正要动身，太庙就突然坍塌了，这是上天不同意我们离开长安去洛阳呀！如果我们一意孤行，上天是会降罪给我们的。"

10 来人见唐玄宗面露疑惑之色，便又继续说："这兆头不好，在这种情况下去洛阳不吉利呀！皇上，请三思。"

11 唐玄宗本来就对此事心存疑惑，听了这样一番话，就更拿不定主意了。于是，文武百官就将迁到洛阳的事暂时搁置起来。

12 当时，朝廷中有个叫姚崇的大臣很有主见，头脑也比较清醒。他认为暂时去洛阳是件好事，利国利民，但偏偏太庙在这时坍塌了，闹出了这些风波。

13 要怎样才能说服大家，使太庙坍塌之事同迁到洛阳两件事不纠缠到一块儿呢？他想，要想把事情搞清楚，还需要调查研究才行。道听途说，只会一知半解。要对事物了解透彻，不亲自调查是做不到的。

14 主意已定，他便亲自找到居住在太庙附近的人，详细了解情况，然后根据了解的情况又进行实地勘察。

15 果然像众人所推断的那样，太庙常年受风吹日晒，加上长时间漏水，房梁已朽烂不堪，有的檩条上的木头已被虫子蛀坏了，随时都有不堪重负而折断的可能。

16 看了这些，他心里早已明白八九分。恰在这时，唐玄宗又派人叫他快回去。他正想把了解的情况禀报皇上，便急急赶到皇宫，觐见皇上。

17 姚崇觐见皇上后，便把去太庙查看的情况详细报告了一番。

18 他见皇上还是面露将信将疑之色，便又耐心地说了起来：“皇上，太庙是前秦国王苻坚时候建造的，距今已有三百多年了。日晒雨淋、风吹虫蛀，再坚固的木料也难免损坏。”

19“特别是这几年，天气变化无常，先是洪水把太庙侵蚀得不成样子，后来又赶上大旱，炙热的太阳把朽木晒得更脆更糟，况且还有虫蛀，它怎能不坍塌呢？就是皇上不肯离开京都，它迟早也是要坍塌的。这两件事情只不过是凑巧碰到一块儿罢了，没有什么值得大惊小怪的。”姚崇说到这里，玄宗不住地点头。

20 姚崇继续说：“再说皇上这次去洛阳，为的是节省人力、物力，这是利国又利民的事，上天怎么会降灾呢？”

21 唐玄宗终于被说服了，不久就带着满朝大臣动身去了洛阳。

22 这件事应了一位伟人的话："我们对待任何问题，都必须坚持'知之为知之'的老实态度。"姚崇是有发言权的，因为他了解了事情的真实情况；而其他文武百官是可悲的，因为他们"不知道自己的无知，乃是双倍的无知"。

行

知之践履之道

XING ZHIZHI JIANLÜ ZHI DAO

良药伤身

1 刘禹锡是唐朝的一位诗人，很有名望。他当过监察御史，后来由于一些原因被贬，闲居在家。

2 由原来日理万机到现在的赋闲在家，时间长了，沉郁在心中的失意感影响身体的健康，刘禹锡得了病。

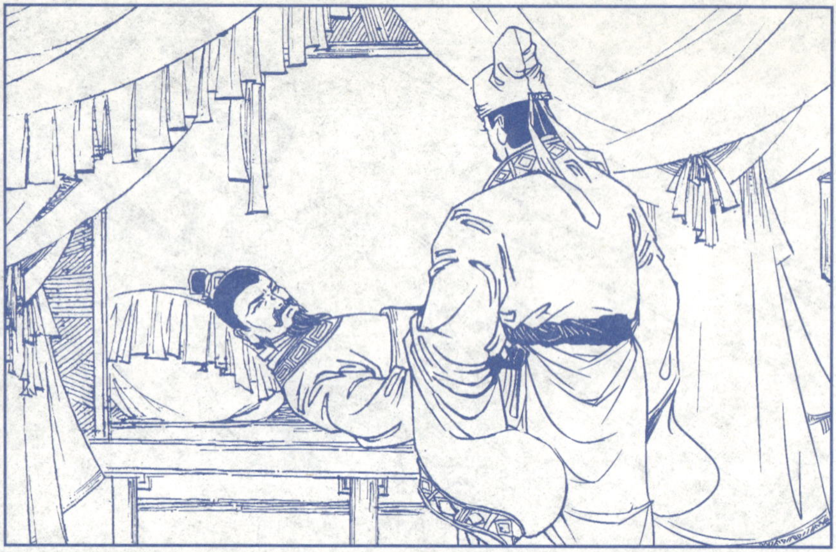

3 刘禹锡得病的消息传开后，他的好友纷纷前来探望他、安慰他。有一天，他的一个朋友来看他。

4 朋友见他精神不畅，就对他说：“您患病时间不短了，应该去治一治，吃些对症的药。光在家里待着，病是不会好的。我给你推荐一位良医吧！这位医生我很了解，他原来是我乡的方士，后来云游四方行医看病，医术高超，远近闻名。”

5“听说，曾有一个患癞疮病的人，经他一治，变得美貌丰盈；还有一个脚麻痹的人，经他治疗后，变得行走如飞。”

6 他见刘禹锡还有一些怀疑和犹豫，就接着说：“你这点病到他那里，一定会药到病除。你如果担心，我陪你去拜访他，请他给你治病。”

7 刘禹锡便答应下来，由朋友陪着去就诊。

8 见到医生后，医生先是给他静静地切脉，非常详细地询问病情，然后又抬起头仔仔细细地观察他的气色。

9 医生看完后，很有把握地说："你这病是不按时休息，生活没有规律造成的。不过，你不用担心，我很快就可以给你治好。"

10 说完后，医生看也不看刘禹锡，便从药箱里取出一小包药丸递给他。

11 医生嘱咐刘禹锡说："你服下这些药丸，就能消食，长久积郁在你心中的烦闷感会减轻许多。这药还能清除你体内的病毒，逐渐恢复你的元气。只是你一定要十分注意，药都是以毒攻毒，不宜长吃、多吃，病愈后立即停服。服过量的药就会损伤身体了。"

12 医生说完，看着刘禹锡。刘禹锡接过药，端详了半天，他心想："这么点药就能除病吗？"

13　服药两天后，刘禹锡就觉得这药果然有效，腿不麻了，走路轻快了，食欲也增强了。过了一个月，积在心中的郁闷感消失了，耳聪目明，浑身说不出的轻快，完全像换了一个人，身体也比以前强壮多了。

14　看着他一天天好起来，亲朋好友都为他高兴，有人前来庆贺，并且对他说："这大夫对症下药，疗效这么好，真是名不虚传。不过，依我看，医生给病人看病，多半是留一手的，绝不会根治，会留一点隐患，好让你再去找他。这样，既索取了钱财，又抬高了自己的声望。你不妨再去多要些药，这样就会把病治得更彻底。"

15　刘禹锡听了，觉得这个人说得有理，就听从了他的话，又去医生那儿，谎称自己没有好，还要一些药。医生刚开始有些怀疑，但见他很诚恳的样子，便给了他药，并再三嘱咐他不能多吃。

16　刘禹锡没听医生的话，连续服药。几天以后，药性发作，全身胀痛难忍。

17 这时他想起医生的话，后悔不迭，但又没办法，只得硬着头皮去找医生。医生见状，早已明白，便责备道：“我一再告诉你不能服药过量，你却一意孤行，结果弄成这样的结果。”生气归生气，病还得治。医生配了些解药给刘禹锡服下，这才使他转危为安。

18 刘禹锡的教训告诫人们，凡做事行动要有根据，不能把局部经验当成普遍真理。凡事想当然，往往会自食其果。

行

知之践履之道

XING ZHIZHI JIANLÜ ZHI DAO

琵琶显灵

1 这个故事发生在唐朝。在江西某河畔有座山，人们如果要到扬州就必须经过这座山。

2 有一年，一位书生要去扬州。当书生风尘仆仆地乘船来到这座山脚下时，恰巧遇到了大风。他本来乘船就很累了，风又刮得这么大，无奈之下只能停下来，想等待风平浪静再走。

3 书生下船歇息了一阵，觉得无聊，就抬头看了看眼前的这座山。看到树木葱茏，处处奇山怪石，心想："何不利用这点时间，看看山景呢！"主意打定，他就站起身来，信步闲逛去了。

4 他边走边看，走走停停，不觉走进一片树林。树林中有一所寺院。

5 这所寺院大门敞开。书生进得寺门，但见僧房空无一人。他便站定下来，仔细观察这僧房。

6 僧房中间放着床和木案，僧房外面有几间小巧的厢房，厢房里的桌子上摆着一些毛笔和砚台。

7 还是没看见一个人影。书生觉得好生奇怪，就里里外外走了好几圈，又大声哼唱了几声，想把寺院里的人引出来，可四周仍是静悄悄的。

8 书生便又回到厢房，见了那笔和砚，就萌生了吟诗作画的念头。

9 书生终日和笔砚相伴，无奈路途遥远，不便携带这些东西，一路奔波，也没时间和雅兴写字、作画。如今见了笔砚，自然生出许多渴望来。

10 书生擅长书画，便在僧房门边的白壁上信手画了一把琵琶，大小、形状和真的一模一样。

11 画完后，书生退后几步，仔细观赏了半天，感到很满意。

12 游玩尽兴而归，此时风也停了，书生下山登船而去。

13　寺院里的僧人回来后，看见了画，都觉得很奇怪：这寺院里没人来过，这琵琶画是哪来的呢？

14　僧人也没仔细想，就对村里人说："这琵琶来得很神奇，大概是五台山的神琵琶吧。"僧人这话，不过是随口说说而已，可听到这句话的村民们却信以为真。

15　村民们认为，“神琵琶”可不是寻常之物，能消灾免祸，于是就三五成群地来到寺院，跪在琵琶画下，烧香磕头，求卦问卜。

16　一时间，“神琵琶”的事被传得沸沸扬扬。方圆数十里的人都慕名前来，拜神祈福。

17 一年后，那位书生也听说在扬州某山有“神琵琶”显灵，很好奇，就在回家路过扬州时特意下船，想上山去看个究竟。

18 书生走进僧房，恰好僧人又不在，屋中陈列和一年前也差不多，只是自己画的琵琶画下多了些香炉、供果，烟雾缭绕。书生这才恍然大悟，不禁哑然失笑。

19 书生心想，自己一年前因无聊信手画的这幅画，此刻却演绎成了神物，变成了这个样子。

20 书生找了些水，把自己的作品一洗了之。墙上的琵琶画没有了，书生也心安了，于是下山休息，等着看结果。

21 晚间，僧人回到寺中，发现墙上画的“神琵琶”不见了，大为震惊：这“神琵琶”说出来就出来，说不见就不见了，这还了得！僧人便急匆匆把这消息告诉了村里人。

22 人们一听，全惊呆了，都为失去“神琵琶”而悲伤、叹息、垂泪，惶惶不可终日。

23 这时，书生也混在人堆里来到僧房，故意向人们发问。人们纷纷向他介绍“神琵琶显灵”的事，言之凿凿。

24 有的说：“一定是有人得罪了‘神琵琶’，所以，就把自己隐藏起来了。”

25　书生听了，禁不住笑出了声。于是把自己怎样画的琵琶，又怎样洗掉琵琶的经过一五一十地全说了出来。

26　大家一听都羞惭无比，朝神拜灵的现象从此断绝。这则故事嘲笑了那些幼稚无知的人们和行为。不知以为知，假知当真知，用假知指导行为，不是十分荒诞可笑吗？“知之为知之，不知为不知。”千万不能人云亦云，自欺欺人，这样做，除了受欺骗，被愚弄外，什么也得不到。

行知之践履之道

XING ZHIZHI JIANLÜ ZHI DAO

赠竹风波

1 李德裕是唐朝的宰相，不但对政治深谙其道，生活上也颇有情趣。

2 他曾两次在浙江任职。而在他第一次在浙江任职期满时，发生了这样一件事。有一天，他去游览幽雅清静的甘露寺，顺便同与他很熟识的老僧道别。

3　李德裕之所以对甘露寺的这位老僧有好感，原因在于老僧待人接物有礼有序、和蔼谦恭，每次都给人宾至如归之感。

4　老僧与人交谈从不大声，总是和风细雨地讲述佛经释义，从不多言。渐渐地，李德裕与他就有了一些交情。

5 这次要离开浙江，在甘露寺见到老僧，就更有一份惜别之情。两人对坐品茶闲聊，畅叙友情。

6 将要分别的时候，李德裕对老僧说："咱们友谊深厚，现在我要离开了，不知什么时候才能再见到你。以前有人送我一根筇竹手杖，作为临别纪念，我转赠给你吧。"

7 说着便命人把这根手杖拿过来。他拿在手中仔细抚摸，表现出一种爱不释手、忍痛割爱的神情。

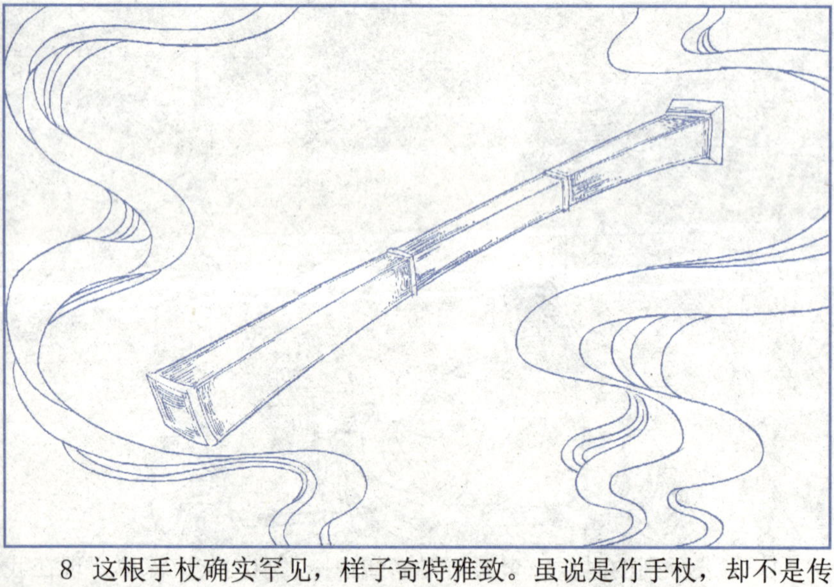

8 这根手杖确实罕见，样子奇特雅致。虽说是竹手杖，却不是传统的圆筒形，而是根很怪异的四棱形；手杖的把手朝上，由竹节四面相对生出一芽极微小的竹簭来，看上去令人赏心悦目，毫无任何雕琢的痕迹，独具一种天然的美。

9 对这根竹杖，李德裕当然十分喜爱。把这种珍贵的东西拿出来送人，也可见李德裕的诚心和友善。

10 这根李德裕平时十分喜爱的东西转到老僧手上，老僧也很喜欢，但并没有像李德裕那样表现出对它的珍爱，只是连连道谢。然后，二人道别。

11 一晃几年过去了，李德裕受命第二次到浙江任职，途经甘露寺，他们一行人便进去游览并会见自己的友人。

12 这次故地重游，睹景思物，李德裕和老僧一见面，就关切地询问自己当年赠送的那根竹杖。

13 老僧慈眉善目，连声说："竹杖我一直珍藏着。"李德裕一听，自然很高兴，他怀着惜旧的心情，请老僧把竹杖拿给他再看一看。

14 老僧连忙命人将这根竹杖取来。李德裕把竹杖拿在手中，定睛一看，不禁瞠目结舌。

15　原来，竹杖已面目全非，四棱角已被削平磨光，成了俗不可耐的圆筒形，外面还涂了层厚厚的漆。李德裕见状，什么也说不出来，沮丧之意溢于言表。

16　李德裕怀着惋惜的心情与老僧道别，离开了甘露寺，也离开了这根他曾十分喜欢而现在却面目全非的竹杖。

17 他回到府第，一连几天都在后悔不该将这根竹杖送人。原来，这根竹杖是西域大宛国馈赠给他的竹杖中唯一一根方形的。

18 而今却再也见不到那根独一无二的竹杖了，他感到莫名的惆怅。自那以后，他再也没去看老僧了。

19 老僧迂腐愚蠢，把已知的知识当成固化的，其行为必然是刻板、僵化的，最后做出可笑的事情也就不奇怪了。

20 对自己没见过的事物、没见过的风格总要按照自己的模式去改造，使新鲜事物变旧、新风格夭折，这怎能不让人惋惜和难过呢？

行

知之践履之道

XING ZHIZHI JIANLÜ ZHI DAO

斋钟磬声

1 古时候，全国各地都建有寺庙，洛阳也不例外。在洛阳的一座古老佛寺里，曾发生了一件奇怪的事情。

2 这座佛寺的佛殿里有一口磬，经常自己发出“叮——叮——叮——”的声响，而且总是从早到晚，声音不疾不徐地响个不停，为佛寺增添了神秘的色彩。

3 这件怪事也使佛寺里的和尚们忧心忡忡。大家议论纷纷，惶惶不可终日，不知该怎么办才好。

4 有的和尚大着胆子走近这口佛磬，仔细观察，希望弄明白是什么原因使它常常“鸣唱”不停，但左看右看也没看出个所以然来。

5 时间一长，各种谣言就出来了，和尚们猜测、怀疑、惊恐。

6 有的和尚断言，这口佛磬常常莫名其妙地不敲自响，一定是有妖魔在作怪。于是，有妖魔主宰这口佛磬的说法不胫而走。

7 一时间，佛寺里更是人心惶惶。来寺里烧香拜佛的人也渐渐稀少起来。

8 寺里的老方丈觉得总这样下去不行，就请来一些会法术的人捉妖降魔。

9 这些人在寺里折腾了好长时间，没能止住佛磬自鸣，妖怪就更是无从捉起了。

10 这样一来，和尚们更加寝食难安。不少和尚投奔到别的寺庙，正常的佛事也渐渐停止了。

11 寺里的方丈有一个好朋友，名叫曹绍夔。他听说佛寺的磬不敲自鸣，老方丈请来方士除妖也没能奏效，以致老方丈自己也一病不起的消息。

12 曹绍夔立刻赶到佛寺来探望老方丈。老方丈见到好朋友，就一五一十地把这口佛磬如何不击自鸣，自己如何生病的事情全部告诉了他。

13 正当他俩说话的时候，佛寺里敲响斋钟，“当——当——当——”，很是悦耳。钟声还没有停息，佛寺里的磬也跟着响了起来。

14 曹绍夔刚开始很惊奇，不由得侧起耳朵听了听。不一会儿他就若有所思，扭头问方丈：“这磬响的时候，是不是总在敲钟以后呢？”老方丈想了想，说：“确实是这样。”

15　曹绍夔听了，笑着对老方丈说："不用怕了，放宽心吧，我有办法为你除灾驱邪，请你明天准备一桌丰盛的斋饭吧。"

16　老方丈将信将疑，说："我请了许多方士，用尽了各种各样的方法，都没办法解决这件事。你刚来一会儿，就夸下海口，你真有把握？"

17“放心吧，保证让你从此安宁，这口磬再也不会不敲自鸣了。”曹绍夔肯定地说。

18 老方丈虽然不太相信曹绍夔的话，但仍抱着一线希望，尽力置办了一桌丰盛的饭菜。

19 第二天，曹绍夔如约前来，稍作寒暄后，就自顾自地吃喝起来。

20 酒足饭饱之后，只见他从怀里掏出一把小锉刀来，在那口磬上磨了几下，然后对老方丈说：“这就行了，‘妖魔’已经被我驱除了。”然后他挥了挥手，同老方丈道别了。

21 等了几天，磬果然不响了。老方丈百思不得其解，就去请教曹绍夔。曹绍夔告诉他：“寺里根本没有什么妖魔，磬自响的原因在于那口钟。”

22“那是怎么回事？”老方丈问。“佛殿里的磬和寺院大树上挂的钟，它们的振动频率恰好相同，所以每次敲钟，就会引起佛磬的响应。

23“我用锉刀挫磬，改变了磬的振动频率，它自然就不会再响了。”老方丈恍然大悟，原来没有妖魔啊，悬着的心也终于放下来。

24 如果见到一点奇怪的现象，不去问个清楚，调查明白，就疑神疑鬼，结果必然是庸人自扰。对事物的认识，要由表及里，不仅看现象，也要看本质，这样才能把握好处理问题的分寸。

行

知之践履之道

XING ZHIZHI JIANLÜ ZHI DAO

张祜受骗

1 唐朝后期，有个叫张祜的诗人，年轻时没有考取进士，此后便无心功名，浪迹江湖。

2 他结交了一些朋友，大家常聚在一起，或吟诗抒怀，或讥讽名流显贵，或比武论剑。张祜自己很得意，以豪侠自诩。

3 日子一长，他好豪侠的名声便渐渐传了开去。有一天晚上，一个武夫来到张祜家门前，高声问道：“这是张侠士的府第吗？”

4 张祜一听有人找他，便出来迎见。只见来人高高大大，一身武士装束，腰佩宝剑，气度不凡，手里提着一个口袋，口袋里还滴滴答答地往外渗着血水。

5 张祜惊异地打量着他，正要开口，那人却抢先一步高声喝道："你是张侠士？"张祜被这声断喝吓了一跳，又见来人英气逼人，立刻就矮了半截，连忙一改平时骄横的神情，轻声答道："正是，我是张祜。"

6 张祜小心翼翼地将这人迎入屋内，又让座又作揖，谦恭得很。那武夫见张祜已被他的气势震住，就更加神气，大摇大摆地坐下。

7 那人气势汹汹地对张祜说："我今天来，是有件喜事要告诉你。我以前有个仇人，我一直在追杀他，但十年未果。谁料冤家路窄，今天恰巧撞在我的刀下。十年仇怨一日得报，好痛快呀！你过来看。"

8 他边说边拉过脚边的那个袋子。张祜一见鲜血就知道是怎么回事了，连连后退。

9 这人大笑，然后说："看看嘛，这就是他的脑袋！"他四处看了看，又问："有酒吗？快拿上来，我要痛饮一番。"

10 张祐哪敢怠慢，急忙命人取杯斟酒，并恭敬地递过去。

11　那人接过酒杯一饮而尽，然后说：“还有一件事，我想报答一位于我有恩的义士，今天恩仇同解，也好了了我的心愿。我早就知道你重义气，所以来到你这里，就是想借十万文钱，以酬谢我的恩人。”

12　说到这，他偷偷地看了看张祜的脸色，又接着说：“侠士倘能不吝相借，今后，我可以为你赴汤蹈火，在所不辞，否则的话……请张侠士酌定吧。”说完，又顿了顿脚下的袋子。

13 张祜慑于来人的威严，早就如坐针毡了，见客人有求助于自己，感到客人给了他很大的面子，巴不得赶快打发他走，就立刻命人拿出钱袋，凑足了十万文钱，又拿出家里一些值钱的东西一起交给了他。

14 那人喜形于色，急忙接过钱物，连声说："好，好，真不愧是位侠士！"并与张祜约定，钱送到，人即返回。

15 然后，他站起身来，踢一踢脚下的袋子，扬长而去。

16 张祐见那人走了，便把袋子拎到墙角，想等他回来还给他。可左等右等，早已过了约定的时间，天都快亮了，仍不见那人踪影。

17 张祐有点坐立不安，不怕别的，就怕口袋里的人头一旦暴露，自己满身是嘴也说不清楚。随着时间的推移，他思前想后，发觉这事有点奇怪。

18 又等了一阵子，张祐沉不住气了，决定喊来家人，趁天还没亮，赶紧找个地方把那颗人头埋掉了事。

19 家人刚开始时缩手缩脚不敢动手，在张祜的训斥下打开布袋一看，全呆住了。原来，布袋里哪是什么人的头，而是一颗血淋淋的猪头！

20 张祜受了欺骗和愚弄，羞愧难当，懊悔不已，但一想这件事的前因后果，便自责道：“光是徒有虚名而无实际本领的人，才会被人欺骗。怪我技不如人，看不透这骗局，足该引以为戒呀！”

21　从此以后，张祜把平常的“侠士”举止收敛得干干净净。

22　张祜贪图侠士的名声，沽名钓誉，容易被人欺骗。任何能力和知识都不是装腔作势或自吹自擂就可以得来的，要靠实践的检验。把虚假当真实，在实际行为中得到的只是苦果。这是人生哲理中一个浅显的道理。

行

知之践履之道

XING ZHIZHI JIANLÜ ZHI DAO

揭穿谣言

1 宋朝仁宗在位时，有一位清官名叫郑文肃（号天休）。

2 他清正廉明，办事利落，很得皇上欢心，经常对他委以重任。

3 当时，漕运秩序混乱，派系斗争不断，人心不稳。朝廷认为该派一名得力官员来管理漕运，于是便任命郑文肃为漕运长官，负责整顿混乱的漕运。

4 郑文肃接受使命，自感责任重大，便微服私访，先对周围的环境做了细致的观察。

5 他来到运河边，只见河水清波荡漾，船桅林立，漕运十分繁忙。

6 他沉思片刻后便信步朝“湖北漕”衙门走去。听说来了个新官，人们早就议论纷纷了。

7 一路上，郑文肃看见人们三个一堆、五个一伙地议论着什么，心想这是个好机会，于是哪里人多就挤到哪里去听人们在说什么。

8 人们议论得最多的就是传闻说官仓里的粮食都发霉吃不得了，将面临缺粮的危机，驻扎在荆南一带的军队正吵吵闹闹，搞得人心惶惶。有个特别爱滋事的人添油加醋，挑起了事端。眼看要弄出大乱子来，大家都希望这位新来的主官有一个明确的态度。

9 郑文肃了解了一些情况后，感到要治理好漕运，首先要解决荆南军队的事，而解决这件事的关键就是解决粮食问题。

10 他琢磨：“粮食霉烂了，是真是假呢？看来，还得去调查一番才行。”他打定主意，便一个人悄悄地从府衙后门出来。

11 他先来到几座大谷仓前，只见谷仓遮盖得很严实。掏出一把米来，看看，没什么异样；闻闻，没什么怪味；咬咬，不潮不霉。他的心放下了一大半。

12 为了彻底了解情况，他又走访了附近的一些小谷仓，情况基本同大谷仓一样，他心里更有数了。

13 郑文肃慢慢地往回走，反复考虑着处理这件事情的对策。渐渐地，一个计划在他的脑子里形成了。

14 回去后，郑文肃给地方上的大小官吏、达官显贵发出请柬，意思是自己已上任几天了，和大家却不太熟识，请各位来参加自己举办的宴会，目的是联络感情，沟通信息。

15　这些被请来的地方官吏、军队将领十分高兴，感到郑文肃这个人通情达理，平易近人，所以喝得也尽兴，吃得也高兴，一时间推杯换盏，好一派热闹的景象。

16　几个时辰过去了，郑文肃见大家喝得差不多了，便吩咐人端上饭来，只见那米饭粒粒饱满，洁白晶莹，如堆积的碎玉，很是诱人。众人你一碗，我一碗，吃得香喷喷的。

17 郑文肃一看时机到了，便微笑着站起身来，咳嗽几声，大声说道：“各位，今天的宴席是否合意？”大家齐声喊道：“好！”

18“那么，饭吃得又怎样呢？”郑文肃又问。“香！”官员们望着桌上的空碗，又异口同声地回答。

19“香？是吗？”郑文肃的脸色立刻严肃起来，加重了语气，“这饭就是用官仓里不能下咽的‘烂粮食’做的，你们怎么能吃得这么香呢？”

20 在座的各位你看看我，我看看你，一句话也说不出来。郑文肃又接着说：“造谣的人固然可恶，可信谣、传谣的人难道没有责任吗？你们把不经调查得来的情况当真，用错误的认识引导他人，扰乱了漕运的秩序，这应该吗？”见众人都面露羞愧之色，郑文肃便不再说什么，宴会随即结束。

21 谣言就这样不攻自破。后来，郑文肃查出制造谣言的原来是私盗官粮的人。这些人怕自己的罪行败露，故意造谣以挑动军队闹事来掩饰自己的罪责。

22 坏人遭到了应有的惩处，从此，漕运又恢复正常。认识和实践相脱离，就会出现片面性的错误。不通过实践得来的认识不仅片面，还会导致致命的错误。知与行要统一，只有知为真知，行才能正确，这是这则故事给我们的启示。

行

知之践履之道

XING ZHIZHI JIANLÜ ZHI DAO

农夫评画

1 宋代时期涌现出很多画家，其中有一些还是闻名后世的大家。收藏画作也成为一些文人、官僚、墨客的时髦风尚。

2 当时有一名叫马知节的官员，他收藏了很多名人字画。

3 在他所珍藏的名人字画中，他最喜欢一幅唐代著名画家戴嵩画的《斗牛图》。每隔一段时间，他就要展开这幅画欣赏把玩，每次都赞叹不已，爱不释手。

4 画上的牛也好像善解人意，主人一打开画卷，便像真牛一样跃然纸上，大眼圆瞪，牛角向前，争斗不已。

5 有一天，天气格外地好，马知节就把自己珍藏的画拿出来，在厅堂前一幅幅地展开晾晒，把那幅《斗牛图》放在了最显眼的地方。

6 正在这时，一名来交租的农夫走了进来，连叫几声，马知节都没有听见，他的目光始终盯在《斗牛图》上。

7 农夫也把目光投向这幅画，他先是漫不经心地看了看，突然，睁大眼睛，仔细观察起来，前后左右，换了几个角度。

8 马知节以为自己这幅最喜欢的名画吸引了农夫，便露出得意的神情。

9 看了一会，农夫竟摇了摇头，笑了起来。

10 农夫这一笑，马知节感到很诧异。他本来想会听到农夫的称赞。不料，农夫的脸上却露出了不屑一顾的神态。

11 他很气恼，就问道："你笑什么？"农夫见马知节问他，便觉得自己有点冒失，连忙解释说："没什么，没什么，我只不过是觉得这幅画上的牛样子很特别，我还从没看到过这样的牛，您千万不要怪罪我。"

12 马知节听出农夫话里有话，就继续问他："你根据什么说这画上的牛很特别？特别之处在哪里呢？"

13 农夫见马知节没有怪罪他的意思，便大着胆子说：“本来我是不懂画的。但这幅画，画的是我最熟悉的牲畜，便多看了两眼。我们农夫每天都同牛打交道，真牛的生活习性我们再熟悉不过了。可这画上的牛同真牛相差太远了。”

14“这牛画得像真牛一样，怎么能说和真牛差距太远呢？”马知节一听便糊涂了，心想：“我就是看这幅画上的牛太逼真了，才收藏它的，现在你竟说牛画得不像，我倒要听听你怎么说。”

15 马知节就对农夫说：“你说说看，差在哪里？”农夫又看了看那幅画，慢慢说道：“牛在搏斗时，总是用力将尾巴夹在两腿之间，憋足了劲相斗，在这个时候，即使最强壮的大力士也不能把牛的尾巴拽出来。

16 “可您看，这幅画上相斗的牛全扬着尾巴。这不符合生活实际，所以，我认为这幅画画得不好。尽管牛画得很像，但真实的生活习性没画出来，也就引人发笑了。”

17 农夫一边说，一边指指点点。农夫还一再邀请马知节到田野里去转转，看看真正相斗的牛。

18 马知节听了农夫这一番话，由刚开始很轻蔑之色转变为佩服之情。

19 他没想到，自己最喜欢的名画的价值在一位真正的鉴赏家——农夫的评价下降低了。尽管这样，他还是十分感谢农夫的坦然相告，并对农夫对事物的观察和深刻的了解给予称赞。

20 中国古代曾有一种说法叫作“韩马戴牛”，其中的“戴牛”就是指唐代著名画家戴嵩画的牛，可见影响之大。

21 可“戴牛”却被一介农夫看出了纰漏，连马知节听了农夫的话也不得不点头称是。

22 这说明实践出真知，只有深入实际，对客观事物进行细致的观察研究，才会得出真知；脱离实际，靠主观假设和猜想去创作，不研究客观事物，就是名家也会闹出笑话。

行

知之践履之道

XING ZHIZHI JIANLÜ ZHI DAO

一箱破砚

1 古时候，有一个年轻人从小酷爱书法，买了很多纸和笔，整天埋头练字。

2 他很崇拜那些著名的书法家，被他们精湛的技艺所折服，每每在他们的作品前驻足欣赏，流连忘返。

3 后来，他听从别人的劝告，决定拜一位书法家为师。书法家见这名青年言辞恳切，且又聪慧过人、勤奋肯学，就同意收下他。从此，二人以师徒相称。

4 这位青年在老师的精心指导下学习了几年，感到自己的书法技艺大有长进，已掌握了书法精髓，便有些飘飘然，再不像以前那样虚心认真了，认为老师讲授的内容越来越平淡无奇，再没有可学的东西。

5 他的老师看透了他的心思，但仍耐着性子提醒他还应该继续深造。

6 没想到这青年主意已定，认为自己已经精通书法，该是功成名就的时候了，没有必要再待在这里当学徒。

7 于是他向老师提出要去外面闯荡闯荡。

8 老师没有执意挽留他，只是在他要走的时候交给他一个贴着封条的小箱子，并语重心长地对他说：“你要离开这里了，我没什么好送给你的，你就把这个小箱子带走吧，以后用得着的。”说完就埋头练字了。

9 这名青年一心只想离开，根本没有注意老师说了些什么，接过箱子，便辞别老师，踏上了旅途。

10　一路上，他心情好极了，想到自己前途光明，禁不住哼起了小曲。

11 就这样，走了一段路以后，青年感到肩上这箱子越来越重。

12 他开始嘀咕起来：“这箱子这么沉，里面装了什么宝贝？反正老师也不在身边，我打开看看。”好奇心驱使他停下脚步，把箱了取下来，喘了几口粗气，这才开始端详小箱子。

13 他发现，箱子的封条贴得很松，于是便轻轻地把封条撕开，撬起箱盖。待他睁大眼睛往箱里看时，不禁目瞪口呆。原来箱子里装的不是什么宝贝，而是满满一箱旧砚台！

14 这青年满肚子不高兴，老师送给我这些不中用的旧砚台有什么用呢？但仔细一想，老师学富五车，送一箱看起来无用的砚台，一定有他的道理，于是便细细观察起面前这箱“宝贝”。

15　箱子里一共有几十块砚台，他一块块地翻弄，突然发现，所有砚台中间都被磨出了一个大窟窿，非常显眼。

16　他这时才恍然大悟，原来这满满一箱旧砚台都是老师一生勤练不辍的见证！

17 年轻人此时心绪翻腾，出神地盯着那一块块磨穿的石砚，眼前浮现出老师送别时的神情，不禁回忆起平时老师那一丝不苟练字的情景。

18 他似乎悟出了什么，默默地盖上箱盖，庄重地把箱子重新放到肩头，然后回转身，朝他来的路走去。

19 书法家送走自己的学生后，便呆坐在椅子上出神。他知道，学生的书法还远没有达到炉火纯青的程度。他想用这一箱旧砚台来教育年轻人，他相信，他的学生会理解他这一番苦心的。

20 这时“咚咚咚”的脚步声近了，接着，一个熟悉的身影映入他的眼帘。

21 他一阵欣喜，“终于回来了”，他和学生的双手紧紧地握在了一起。

22 从此，这名年轻人更加虚心地向书法家学艺，并不断把老师教的知识融入自己的书法作品中去，终于成为一名真正很有造诣的书法家。

23 知之为知之，这个“知”并不是一朝一夕就能够学到的。有了一点肤浅的认识，便以为大功告成，这样的人在实践中会跌跤的。故事中的老书法家并没有用大道理去教训学生，而是拿自己勤学苦练的事例去启发学生，带来很好的效果。

24 书法同其他技术一样，光懂了道理而不深入实践，就不会成为真正的书法家。故事中老师的一箱旧砚台说明的就是知与行的道理。

行

知之践履之道

XING ZHIZHI JIANLÜ ZHI DAO

磨平砚眼

1 很久以前，有一个人叫陆庐峰，喜文墨，擅书法，热衷文房四宝的鉴赏和收藏。

2 一天，他练书法感到疲劳后，便照例来到市场上转转，一是消除疲劳，二是想看一看有没有自己喜欢的笔、砚等。

3 他逛到一家店铺，看到柜台上摆着一方石砚，一下子就被吸引住了。

4 只见这方石砚上面有一个凸面，约有豆粒大小，中间黑如点漆，四周密密环绕着无数淡淡的晕纹，乍一看，奇巧无比，细一瞅，宛如八哥的眼睛，玲珑剔透，煞是好看。陆庐峰明白，这就是最有名的叫“鸲鹆”的砚台。

5 他赶紧向店主问价，想买下这方砚台，但卖主也知这砚台的价值，一直咬住高价不放。

6 陆庐峰无可奈何，只得极其惋惜地把砚台放下，遗憾地走出这家店。

7 走在路上，他的思绪还在那方砚台上，越想越喜爱，最后一咬牙，决定花重金购买。

8 回到家后，他忙叫过门生，把一锭银子交给他，再三叮嘱他一定要到那家店铺将那方砚台买回来。

9 门生走后，陆庐峰想到自己马上就要拥有一方稀世珍砚，不免心中十分高兴。正当他等得十分着急时，门生回来了。

10 看到门生那喜滋滋、兴冲冲的样子，陆庐峰放心了。这块砚台终于买来了，“这砚台终于属于我了。”他想。

11 他急不可耐地从门生手中接过石砚，拿到手中定睛一看，笑容立刻凝在了脸上，眼中显现出疑惑和惊奇。这方砚台不是他刚才在店里看到的那方。

12“你怎么把这方砚台买回来了啊？这不是我想要的砚台。快送回去，把我看中的那方砚台买回来。”他带气地说着。

13“没错……没错，这就是您要的石砚。”门生肯定地说，并说出自己买砚台那家店铺的特征、位置。

14 陆庐峰听了后更加疑惑，心想：“没错啊，是我所说的那家店铺。但这方砚……”他又一次拿起这方石砚，仔仔细细地看起来。

15 这“鸲鹆眼”怎么没有了呢？原来凸起的地方是平平的。“不对，这不是我要的那方砚台，我刚才相中的那方砚台上分明有鸲鹆眼，怎么这方砚台上什么也没有啊！”他大声对门生说。

16 不等门生回应，他又接着说：“快回去，把这方砚台退掉，把那方带鸲鹆眼的砚台给我买回来！”他已经很生气了，边说边把手中的砚台向门生手里塞，并把他往门口推。

17 门生却不急不恼，笑眯眯地说：“您甭着急，听我慢慢说。这方砚确实是您相中的那块。”门生说着，还显出一副很得意的样子。

18 原来，门生拿着银子边走边想，他不明白陆庐峰为什么拿这么多钱买一方砚台。

19 等到把砚台拿到手里，仔细看看，觉得确实挺好，但在他眼里，美中不足的是这块砚台的面上有一个“难看的小疙瘩”。

20 把这小疙瘩磨掉不就完美无缺了吗？想到这，他就自作主张地让石匠把砚台上的凸起部分磨平了。

21　并用买砚台剩下的钱付了石匠的手工费。门生以为，自己这事做得漂亮，一定会得到赞许。谁知，他的无知，弄巧成拙，使一块名砚丧失了应有的价值。

22　陆庐峰听完门生的叙述，又气又恼，指着门生大喊："你……你……"想到门生的本意不坏，又说不出话来，只得暗自叫苦，后悔不该叫门生去办这件事。

23 这件事困扰了他很长时间，使他一直郁郁寡欢。陆庐峰的慧眼识货，在于他知道什么是真货；门生的弄巧成拙，在于他的自作聪明。自以为是。门生自己不懂，又不请教别人，最终无知导致了妄行。

24 每个人的知识和阅历是不同的，如果过于自信，随心所欲，就会办出“磨平砚眼”这类蠢事。真正懂得了知识，再用知识去指导自己的行动，就会避免这类事的发生。知与行应相辅相成。

行

知之践履之道

XING ZHIZHI JIANLÜ ZHI DAO

识鹅断案

1 明朝万历年间，有一个叫钱若赓的人，曾任临江府的知府。他精明干练，勤于公务，政绩突出，远近也很有名气。

2 有一年，一个乡下人要进城办几件事，顺便拎了一只鹅来卖。

3 为了方便，乡下人进城后就把鹅寄放到一家旅店，并同店主说好，待他办完事再回来取鹅。店主满口应承，这乡下人就放心地去办事了。

4 可是，等他来到这家旅店讨鹅时，那店主却变了脸，一口咬定这乡下人没在店里寄放过鹅。

5 乡下人一听，急了。此时院里正有四只鹅在悠闲踱步。

6 他仔细看了看，就指着一只鹅说：“你怎么能抵赖呢？这只鹅就是我的呀。”

7 店主却耍赖说："我养了一群鹅，凭什么说这只是你的鹅？"说着就把乡下人赶出了门。

8 乡下人很气愤，又不甘心让店主白白地把鹅抢去，就大声同店主讲理。可是，他人老实嘴又笨，确实没有什么证据证明鹅是自己的。

9 乡下人越想越气，无可奈何，就去知府门前击鼓告状。

10 钱若赓听乡下人一五一十地把全部缘由说了一遍。看到乡下人那老实敦厚、又急又气的样子，他心里已经了然。

11 但断案不能感情用事，需要有真凭实据，于是他下令把那店主和四只鹅一起带来。

12 他把鹅分别关在四个地方，每个地方配给一张纸，一支毛笔，一方砚台，见大家觉得奇怪，便说这是让鹅自己找主人。

13 这一来，大家更是丈二和尚摸不着头脑。让鹅识主人的消息一传十，十传百，城里的老百姓都十分惊奇，觉得这可是件新鲜事。就连差役，对知府钱若赓独特的审案方式也觉得不可理解。一时间，人们都涌向衙门看热闹，议论纷纷。

14 而此时的钱若赓不动声色，把人们的惊奇、议论都看在眼里，记在心上，布置完以后，就退堂用餐去了。

15　这一下，人们更疑惑了，这鹅案能断出来吗？乡下人更显得焦急万分，他也怕这方法是哄骗自己的。

16　而店主则心中窃喜。他心想：“鹅怎么能自己招供呢？看你这场戏怎么收场！这乡下人的鹅我是要定了。”看着坐立不安的乡下人，他不由得得意地笑了。

17 大家各怀心事静静地等着。过了一会，钱若赓问：“鹅招供了没有？”差役强忍住笑说：“没有，大人，没有一只鹅招供。”

18 大家一听，哄堂大笑，只有钱若赓若有所思地点点头，仍是不动声色。

19 又过了一会，钱若赓走出内室，亲自下堂分别察看关在四处的鹅。他左看看，右看看，微笑着说："它们已经招了。"

20 见大家惊异，他伸手指向一只鹅，肯定地说："这就是乡下人的鹅。"

21 大家一听更奇怪了，都纷纷涌过来，想看个究竟。那个店主更惊奇，他不明白钱若赓怎么能那么准确地把自己强取的那只鹅找出来。钱若赓看着大家迷惑不解的神情，知道是揭穿谜底的时候了。

22 他慢条斯理地说：“我并不认识乡下人的鹅长什么样子，但是我知道乡间的鹅吃什么，城里的鹅又吃什么。乡间的鹅大多吃野草，而城里的鹅大多喂谷子。吃野草的鹅粪便颜色发黄。若要确定鹅的主人，无须问主人，只看鹅粪便知。”他这么一说，人们恍然大悟，一致点头，称赞他的机敏。

23 见钱若赓这样一推理，那个店主脸色大变，慌忙磕头认罪。

24 这个故事虽小，但寓意不小。钱若赓是一位富有生活经验的官员。能从鹅的生活环境和食物上确定鹅之归属，这是他深入生活，细心观察研究生活的结果。从生活中获取知识，再把知识运用到实际生活中去，就会行动自由，使人变得聪明，处理问题公正。

行

知之践履之道

XING ZHIZHI JIANLÜ ZHI DAO

观棋不语

1 清代的时候，有许多人喜欢在闲暇时下棋。

2 当时的著名学者钱大昕也是个棋迷，几天不下棋，心里就痒痒，非要在棋盘上拼杀一番，才觉得心情舒畅。

3 他不但爱下棋，而且还喜欢看别人下棋，并且还有一个小毛病，就是观棋时爱发表自己对棋势的见解，有时甚至伸手动棋。因为彼此都是熟人，所以下棋的人碍着面子也不好说什么。

4 有一回，他去一位朋友家做客。寒暄了几句落座后，他发现有两位先到的客人在下围棋。

5　一看见棋，钱大昕瘾头就上来了，匆匆同主人敷衍了几句，就直奔棋局，凑上去观看。

6　那两个人正下到紧张处，其中一个处于劣势，钱大昕再也忍不住了，忙不迭地支着儿，看到人家没按他说的落子，在一旁急得直搓手，几次都想伸手动棋。

7 一盘棋下来，这个人果真输了。钱大昕见状，觉得自己比人家棋艺高超，心里就埋怨人家没听他的棋着，忍不住讥笑人家缺乏算计。

8 过了一会儿，那两个人又摆开了阵势，钱大昕这回可不仅仅是支着儿了，而是跃跃欲试地要帮那人改变投子的位置。

9 看着他那焦急的神态和志在必得的样子，那位挫败的客人便请他过去对局。他急不可耐地奔过去，毫不谦让，举棋入局。

10 刚开始，客人以为他棋艺精湛，心怀警惕，每投一子，都斟酌再三。但钱大昕落了几子后，那人抬头看了看钱大昕，若有所思地点了点头，便埋头只管下棋。

11 几个回合之后，棋盘上的形势有了变化，钱大昕处于劣势。为了挽回败局，同时，也为了挽回面子，他变得谨慎多了，每下一子都不得不琢磨半天。

12 钱大昕心里想：“我观棋的时候，全盘棋的走势似乎都在我心里装着。怎么亲自这么一实践，却漏洞百出，觉得力不从心了呢？这盘棋我无论如何不能输啊，要是输了，这脸面往哪放呢？”他越想越急，越急越乱，而对面那位却不疾不徐，一路攻杀，迫使钱大昕只是忙于应付、招架。

13 这时的钱大昕尽管紧张，但还是傲气不减，硬是摆出一副老谋深算的样子，十分小心地投子布局，力图挽回劣势，无奈着数已乱，旁边观棋的人连连摇头。

14 就这样，棋下到一半，钱大昕便完全处于被动，只有招架之功，全无还手之力，额上渗出了汗珠，脸色越来越不自然。

15 而那位客人却神态自若，每次投子都显得敏捷从容，看来，对付钱大昕这样的棋手，还是轻松得很的。

16 钱大昕已没有丝毫办法挽救败局，眼见大势已去，只得长叹一声，推枰认负。终局后双方各数棋子，客人胜了十几子。

17 钱大昕此时极为尴尬，无颜正视棋盘和对手，他心里还是疑惑："我看棋的时候觉得会稳操胜券，为什么亲自投子布局，就赢不了对方呢？"

18 最让他惭愧的还是他观棋时表现出的傲慢和轻蔑。这盘棋算是把他彻底唤醒了，既使他认识到自己的棋艺不如人，也让他认识到自己光有口头知识，没有实践本领的缺点。

19 他越想越觉得难堪，脸上白一阵，红一阵，好半天一句话也说不出来。

20 从此，钱大昕虽然还是迷恋下棋看棋，但一改从前随意支着儿的坏毛病，不再夸夸其谈，而是静观不语，认真研究棋局，琢磨赢家的下法，然后结合自己的经验亲自去下几盘，不久棋艺就大有长进。

行

知之践履之道

XING ZHIZHI JIANLÜ ZHI DAO

刘生读书

1 清朝的时候，沧州有一个姓刘的书生。他性情孤僻，不善于与人交往，更不愿意抛头露面。他只有一个爱好，就是读书。每天早上起床之后，他便埋头苦读，一直到日落西山才停止。

2 书读得多，但用得少，又不和别人交往，所以，若让他讲古书，他可以滔滔不绝地讲得头头是道；若让他处理事情，却显得异常迂腐。

3 有一次，他偶尔得到一部古代兵书，便如获至宝，爱不释手，伏案研读了整整一年。

4 书中的兵法、条目他都烂熟于胸，便自以为弄通了兵法，可以统率十万精兵了，于是每天异想天开，寻找大显身手的机会。

5 他居住的地方附近有一伙农民由于受不了官府压迫，聚众造反。

6 他听说后，感到真是天赐良机，这不正是自己施展本领的机会吗？于是他就纠合一队乡兵，自命为首领，亲自率兵去镇压。

7 他自以为一定会马到成功，岂料他打仗的理论知识不少，但打仗的实践经验却一点都没有，只会纸上谈兵，不会布阵，不懂用兵的谋略，更无从处理瞬息万变的战事。初次交锋，就被敌人打得溃不成军，他这个书呆子气十足、自命不凡的“指挥官”也险些送命。

8 可是这件事并没有给他深刻的教训，他仍执迷不悟，我行我素。过了一段时间，他又耐不住性子了，心想军事搞不成，也许是运气不佳，那就干点别的吧。

9 他东找西翻，找出一部古代水利著作，闭门苦读一年多，把书中写的背了个滚瓜烂熟。他自我感觉良好，于是自命为水利专家，雄心勃勃地想一展身手，把以前打仗遭惨败的教训忘得干干净净。

10 他在家闭门不出，精心绘制了一幅水利工程图。

11 苦思冥想地附了个详细说明，就呈送给州官。那位州官恰巧是新官上任，心肠颇热，急于踢开头三脚，看了他的设想，以为他可以成就一番大事，就破例批准他在一个村庄做实验。

12 他一听，欣喜若狂，迅速实施了他的计划。可是按他设计的图纸刚刚掘通沟渠，就遇上了一场大雨，倾盆大雨连降几天，造成洪水泛滥。水从四面八方顺着渠道灌进村庄，到处一片汪洋，田地淹没了，房屋倒塌了，村民无家可归，景象凄凉。

13 事实证明，他的设想和实验都没有按客观规律办事，所以遭到了失败。两次惨败，使刘生遭受了沉重的打击，自此以后，他消沉下来，总是闷闷不乐地独自漫步在庭院里，摇头叹息，自言自语地说：难道是古人欺骗了我吗？

14 不久，他就在极度苦闷中死去了。

15 传说他死后，每当月明风清之夜，人们便常常看见他的灵魂在其坟前的松柏树下，仍然同他活着的时候一样，一个人踱来踱去，摇首自怜，口中念念有词，满目苦涩之状。

16 伏身仔细倾听，原来他念叨的还是那句“难道是古人欺骗了我吗”。可见，他耿耿于怀的还是这桩事情。

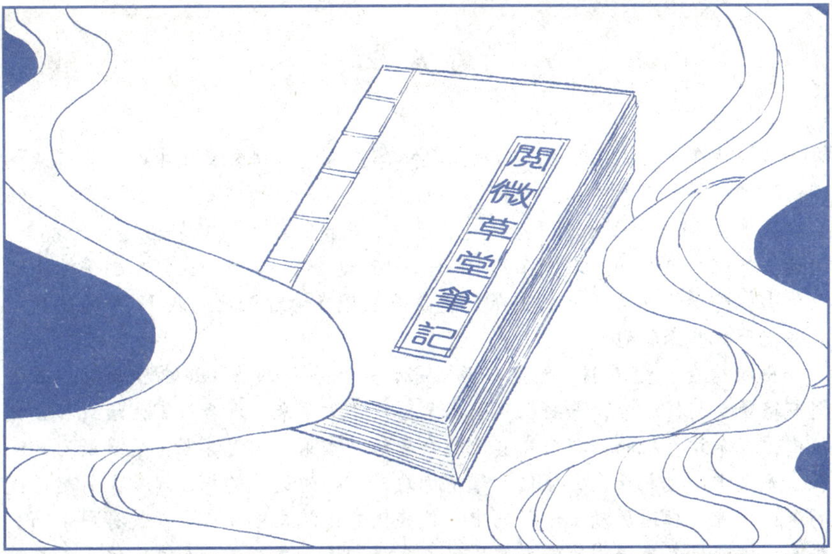

17 取自清朝纪昀著的《阅微草堂笔记》卷三《滦阳消夏录》中的这则故事，看似简单，可给人的启发着实不浅。知、行分割，以知代行，注定会失败。姓刘的读书人的所作所为证实了他以古为法，不知变通，成了名副其实的书呆子。把古人的经验奉为金科玉律，而不管实际情况，这只能带来悲剧的后果，可悲、可叹，亦可怜。

18 知、行统一才能运用自如，死啃书本，只会僵化、教条，落个身败名裂、自取灭亡的下场。最可悲的还在于他至死不悟。可见像这种理论脱离实际、信守教条的愚顽不化的行为，只能得到人们的唾弃。

编后记

以《中华文圣——孔子》为代表的中华优秀儒学传统文化中的精华“诚”“信”“忠”“孝”“仁”“和”“礼”“义”“恕”“廉”“智”“行”的系列故事共13册大型原创手绘连环画丛书，是我前后历经17年业余时间搜集、阅读、整理、编写的成果。在2019年8月，这套共13册的大型原创手绘连环画丛书，终于由东方出版社出版，完整地呈现在读者面前。我17年的煎熬，虽苦犹乐，甚感欣慰。

出版这套大型原创手绘连环画丛书，是我多年的热切追求和梦想。正所谓“路曼曼其修远兮，吾将上下而求索”！几十年来，在我日常生活或社会交往中，在车站、机场、码头或其他公众场所，常见到“无尊长、无敬畏、无廉耻、无忠孝、无礼让、无诚信”等道德缺乏、行为失范的社会现象，引起了我的深刻思考：难道历经数千年的中华民族优秀传统文化在当今就没有用了吗？然而，纵观世界先进国家的发展历史，我深切地感受到：一个具有优秀素养的民族，乃国家强盛的根基；尤其是在社会不断开放，科技飞速发展，传播手段多样，各种文化现象、思想相互碰撞冲击的今天，弘扬传承中华民族优秀的传统文化，尤显迫切和重要，仍具有重要的现实意义。

编辑出版中华民族人文修养经典故事丛书，愿中华民族优秀传统文化的人文核心价值，在国家发展的历史进程中，重塑“引领风尚、促进和谐”的精神文明，让全社会进一步树立扬善去恶、明辨荣辱的观念，构建“助人为乐、以和为贵”的良好人际关系。让优秀的传统文化如春风、似春雨，滋润更多人心，让千年文明之光照耀中华大地。

“明理须读书，立德先修身。”我苦心孤诣策划出版这套大型原创手绘传统连环画丛书，意在用通俗易懂的方法和以事感人、以理服人的大众传播方式，弘扬传承中华民族的优秀文化。本丛书用许多故事来反复印证主题——“读书百遍，其义自见”，试图对广大青少年和社会大众在加强修养、提升个人素质方面起到潜移默化的作用，以中华民族优秀传统文化的伟大力量，去激发中华儿女昂然崛起的生命冲动，实现中华民族的伟大复兴！

如是，则民族幸甚，国家幸甚，天下幸甚！

由于学识有限，加之该文化工程面宽量大，难免有疏漏错误之处。主观上想扬弃和倡导的东西，客观上未必尽能如愿，希望读者朋友评点是非，明勘谬误，求其正范。

“中华民族人文修养经典故事”丛书

李彗生

2019年5月